Weeber
Die bissigsten Spottgedichte Martials

Karl-Wilhelm Weeber

DIE BISSIGSTEN SPOTTGEDICHTE MARTIALS

Reclam

RECLAMS UNIVERSAL-BIBLIOTHEK Nr. 14427
2023 Philipp Reclam jun. Verlag GmbH,
Siemensstraße 32, 71254 Ditzingen
Umschlaggestaltung: Philipp Reclam jun. Verlag GmbH
Umschlagabbildung (und Vignette): Mosaik mit zwei
Theatermasken aus der Villa Hadriana, 2. Jh.
(© akg-images/Bildarchiv Steffens)
Druck und Bindung: EsserDruck Solutions GmbH,
Untere Sonnenstraße 5, 84030 Ergolding
Printed in Germany 2023
RECLAM, UNIVERSAL-BIBLIOTHEK und
RECLAMS UNIVERSAL-BIBLIOTHEK sind eingetragene Marken
der Philipp Reclam jun. GmbH & Co. KG, Stuttgart
ISBN 978-3-15-014427-5

Auch als E-Book erhältlich

www.reclam.de

INHALT

EINLEITUNG

Vom großen Caesar haben Sie eine Menge gehört, von Augustus, dem Begründer des römischen Kaisertums, auch so einiges, der schwerreiche Crassus ist Ihnen ein Begriff und ebenso der eloquente und selbstverliebte Cicero? Von Seneca, Neros Prinzenerzieher und ›Ober-Stoiker‹ seiner Zeit, haben Sie das eine oder andere gelesen, und der knorrige alte Karthago-Hasser Cato (*ceterum censeo* … – »im Übrigen bin ich der Meinung …«) erscheint Ihnen als bekannter Repräsentant des römischen Imperialismus? Mit Neros faszinierenden ›Verrücktheiten‹ sind Sie vertraut, und Lucullus als kompromissloser Vertreter nicht nur luxuriöser Esskultur verkörpert für Sie die gesellschaftliche Elite Roms? Dann ist Ihnen auch das entsprechende Ambiente nicht fremd. Zu diesen ›großen‹ Gestalten gehören die prächtigen Tempel und marmornen Säulenhallen, das legendäre Forum Romanum, die Redeschlachten im – nicht immer ganz so ehrwürdigen – Senat und die dicken Buchrollen mit den bedeutenden Werken der lateinischen Literatur. Kurz gesagt: Das monumentale, strahlende klassische Rom ist Ihnen vertraut.

Aber kennen Sie auch Ligurinus, den Tafeltyrannen, dessen Rezitationen sich derart in die Länge ziehen, dass der Wildschweinbraten zu vergammeln droht? Oder den Geschenkeschnorrer Clytus, der achtmal im Jahr Geburtstag feiert und seine Bekannten auf diese Weise nach Strich und Faden abzockt? Oder Phileros, der – seinem sprechenden Namen »Liebesfreund« gemäß oder zum Trotz – bereits sieben Ehefrauen unter die Erde gebracht und entsprechend üppig geerbt hat? Oder den Geizkragen Gellius, der seinen Freunden nie Geld leihen kann, weil er »ständig am Bauen ist«? Den Angeber Mamurra, der lange Verkaufsverhandlungen in Luxusboutiquen führt, um am Ende mit zwei billigen Bechern nach Hause zu gehen? Oder den nervtötenden Latrinenschreck Vacerra, der sich den lieben langen Tag in öffentlichen Toilettenanlagen herumtreibt, um ein Opfer zu finden, das ihn zum Gastmahl bittet?

Das vorliegende Bändchen lädt Sie dazu ein, diese und manche anderen merkwürdigen Typen etwas besser kennenzulernen – Zelebritäten des Alltags, wenn man so will, und damit ein Stück normaler Kulturgeschichte, wie sie beim isolierten Blick auf die ›Großen‹ nicht selten zu kurz kommt. Gewiss, das sind, wie Sie an den Beispielen schon gemerkt haben werden, nicht unbedingt Begegnungen mit angenehmen Zeitgenossen des Alten Roms. Aber sie sind in jedem Fall vergnüglich und in einen erstklassigen literarisch-ästhetischen Rahmen gekleidet. Sie werden schmunzeln, lachen, sich an Kabinettstückchen scharfzüngigen und scharfsinnigen Humors erfreuen, sich über bösen und böswilligen Spott wundern und auf offene Sottisen und versteckte Pointen stoßen. Martials Humor kommt nicht immer fair daher, sondern oft genug maliziös und verletzend, aber stets mit einem spöttisch-epigrammatischen Biss von großer Virtuosität.

Aber wer ist dieser Garant unserer lustvollen anderen Kulturgeschichte Roms? Von der Biographie des Dichters Marcus Valerius Martialis, kurz Martial, wissen wir nur sehr wenig. Um 40 n. Chr. im spanischen Bilbilis geboren, kam er in Neros Regierungszeit um das Jahr 64 nach Rom. Zwischen 85 und 102 veröffentlichte er zwölf Bücher Spottepigramme, dazu noch ein Buch *spectacula* (*Schauspiele*) mit Kurzgedichten unter anderem zu Shows anlässlich der Einweihung des Colosseums sowie zwei Bücher *Xenia* und *Apophoreta*, meist Zweizeiler mit Vorschlägen zu Gast- und Tafelgeschenken. Wenige Jahre vor seinem Tod, wohl um das Jahr 98/99, kehrte Martial in seine spanische Heimat zurück. Dort ist er um das Jahr 104 herum gestorben – »ein talentierter, geistreicher, treffsicherer Mann, der in seinen Schriften eine Menge Witz und Galle und auch nicht weniger Aufrichtigkeit unter Beweis stellte«. Mit diesen Worten würdigte ihn der Jüngere Plinius, der damals mit ihm, wie er betont, einen Freund verlor (*Epistulae* III 21,1 f.).

Sal et fel, »Witz und Galle«, war in der Tat das höchst erfolgreiche Rezept, mit dem Martial in den literarisch interessierten Kreisen der Hauptstadt bestens ankam. »Ganz Rom lobt, liebt und singt unsere Büchlein«, frohlockt er – und dabei ist es ihm völlig gleich, ob manch einer, wenn er seine Epigramme liest, »rot oder bleich wird, stutzt, den Mund aufsperrt und in Hass ausbricht«. Diese Provokationen sind Programm: »Das will ich, jetzt gefallen mir meine Gedichte so recht« (*Epigramm* VI 60).

Die freundliche Aufnahme von Martials Epigrammen bei einem Publikum, das die Kombination von ›böser Zunge‹ mit Zeit- und Sittenkritik *und* literarischer Brillanz zu schätzen wusste: Es dürfte sie tatsächlich gegeben haben. Und damit auch die Förderung, der sich der erfolgreiche Epigrammatiker seitens großzügiger Mäzene erfreute. Jedenfalls verfügte Martial über ein kleines Stadthaus in Rom, ein Landgut in der näheren Umgebung der Hauptstadt, ein paar Sklaven und genügend begüterte Freunde, an die er sich wenden konnte, wenn es bei ihm finanziell knapp zu werden drohte. Dazu kam es aber offensichtlich nicht, auch wenn Martial sich in mehreren Gedichten als *pauper poeta* stilisiert und als Klient auftritt, der von der mangelnden Großzügigkeit mancher Patrone enttäuscht und frustriert zu sein vorgibt.

Freilich ist der *pauper poeta* ein Klischee, das im Deutschen durch ein falsches Verständnis von *pauper* noch verstärkt wird. Entgegen den Angaben in Vokabelverzeichnissen von Lateinlehrbüchern heißt *pauper* nämlich nicht »arm« (das wäre im Lateinischen *egens* oder *inops*), sondern »unbegütert«. Im Unterschied zu den Herren ›von Stand‹ verfügte der *pauper* nicht über Einkünfte aus Großgrundbesitz, die ihm ein arbeitsfreies Leben ohne Existenzsorgen ermöglichten. Wer *pauper* war, nagte nicht am Hungertuch, musste sich aber – vor allem durch Erwerbsarbeit – darum kümmern, seinen Lebensunterhalt und den seiner Familie zu sichern.

Wenn Martial sich in manchen Gedichten als »Klient« bezeichnet, der wirklich reiche Gönner um Geschenke bittet, so geschieht das vor dem Hintergrund, dass man auch als gefeierter Dichter finanziell nicht abgesichert war. Die Antike kannte kein Recht auf geistiges Eigentum, das zu Buchtantiemen geführt hätte. Jeder konnte Gedichte und andere schriftstellerische Produkte kopieren oder kopieren lassen, ohne dem Urheber oder dem ›Originalverlag‹ für das Copyright etwas bezahlen zu müssen.

Martial war indes kein ›armer Poet‹. Er gehörte dem Ritterstand an, und das setzte einen Besitz von 400 000 Sesterzen voraus. Aber er hatte, wie Walter Kißel kürzlich gezeigt hat, so gut wie keine festen Einkünfte und zählte damit *im Rahmen seines Standes* zu den Minderbemittelten, zu einem ritterlichen Prekariat, wenn man so will, das aber von wirklicher Armut im heutigen und erst recht im antiken Sinn weit entfernt war.

Ob Martials Selbstaussagen in jedem Fall »schlüssig« sind, wie Kißel meint, mag man bezweifeln. Der Dichter schlüpft schon hier und da in ein poetisches Ich, das mit dem biographischen Ich nicht identisch ist. Dass man aber, wie ein Großteil der Martial-Philologie vor Kißel sicher angenommen hat, *sämtliche* Selbstaussagen einer rein fiktiven Sprecher-*persona* zuschreiben müsse, scheint mir von Kißel klar widerlegt zu sein – nicht zuletzt durch die grundsätzliche Feststellung, dass die Antike selbst keinerlei Theorie zur autorunabhängigen Ich-*persona* entwickelt hat.

Insofern steht auch die These auf sehr wackligen Beinen, dass es sich bei Martials Rom um eine rein literarische ›Kunststadt‹ handle und sich in den Epigrammen nicht die Lebensrealität des antiken Rom spiegle. Das war immer schon eine recht fragwürdige Behauptung: Wenn Satire Wirkung entfalten will, baut sie natürlich auf den Wiedererkennungseffekt bei den Zeitgenossen – was die reale Lebenswelt angeht, aber auch die porträtierten Gestalten und Typen, die sich in ihr tummeln. Natürlich steht außer Frage, dass Satire einschließlich des Spottepigramms vergröbert und zuspitzt, dass sie nicht abwägt und differenziert, sondern um der Pointe und der moralischen ›Botschaft‹ willen die Realität verzerrt. Ebenso wenig wie das Kabarett in unserer Zeit ein 1 : 1-Spiegel der Wirklichkeit ist, handelt es sich beim Rom der Spottgedichte Martials um ein detailgetreues Abbild des Alltagslebens, wie man es von einem Historiker erwarten würde. Ob beispielsweise wirklich so viele Mahlzeitenjäger in den Bädern und Latrinen Roms auf der Lauer lagen, wie es die Häufigkeit des Motivs bei Martial andeutet, ist durchaus fraglich. Nicht aber, *dass* es sie gab und dass unsere Kenntnisse vom Leben im Alten Rom deutlich eingeschränkter wären, wenn wir Martial und andere Satiriker nicht als Quellen zur Verfügung hätten.

Wie sieht es mit Martials ›Opfern‹ aus? Sind das reale Individuen oder fiktive Personen, die eher als Typen denn als identifizierbare Zeitgenossen daherkommen? Kißel glaubt nachweisen zu können, dass Martial in der Regel mit Klarnamen arbeitete. Das mag in manchen Fällen so sein, doch dürfte es sich in der Mehrzahl um verschleiernde Pseudonyme handeln. Zum einen bekennt sich Martial selbst programmatisch zu dem Prinzip *parcere personis, dicere de vitiis,* »Personen schonen, aber über menschliche Schwächen sprechen« (X 33,10). Zum anderen will er es den ›Trägern‹ menschlicher Schwächen nicht zu leicht machen: Ist es eine reale Caelia, über deren Liebschaften er herfällt, ist es ein realer Charinus, dessen ›deviantes‹ Sexualleben er karikiert, so können sich alle anderen entspannt zurücklehnen: Sie sind ja offensichtlich nicht gemeint. Ganz anders, wenn Caelia und Charinus als nicht näher zu bestimmende Typoi für bestimmte *vitia* vorgeführt werden. Dann dürfen und müssen sich auch diejenigen ertappt fühlen, die sich in Caelia und Charinus wiedererkennen.

Ist der Dichter, der über seine Zeitgenossen und Zeitgenossinnen herzieht, stets der ›Gute‹? Der moralisch Überlegene gar? Die poetische Virtuosität, mit der er sich diese Position erobert, mag leicht darüber hinwegtäuschen, dass er moralische Maßstäbe anlegt, die seine eigenen sind, die aber keineswegs immer der Mehrheitsmeinung entsprechen. Und die auch nicht frei von Selbstgerechtigkeit und

Überheblichkeit sind, von politischer Korrektheit im heutigen Sinn ganz zu schweigen. Um es anschaulich zu formulieren: Martials Biss trifft keineswegs nur die, die es aufgrund ihres fragwürdigen Verhaltens verdienen. Der Dichter teilt auch kräftig gegen die Schwachen aus, die nichts dafür können, dass sie einer Gruppe angehören, die zu – manchmal auch billigem – Spott einlädt: Bettler und Obdachlose, Behinderte und Angehörige sexueller Minderheiten, Alte und Ausgebeutete. Da tritt der Satiriker nicht im Wächteramt auf, sondern als illiberaler Populist, der nach der Devise vorgeht, nicht einmal einen Freund zu schonen, wenn dabei nur ein ordentliches Gelächter herauskommt (frei nach Horaz, *Saturae* I 4,34 f.). Vor allem in den – in dieser Sammlung allerdings nicht berücksichtigten – Epigrammen zu den Schaukämpfen von Mensch und Tier in der Arena verspielt Martial in den Augen heutiger Leserinnen und Leser eine Menge moralischen Kredit.

Das soll uns indes nicht daran hindern, ihn auf seinen satirischen Streifzügen durch das antike Rom zu begleiten und mit den vielen Alltagstypen Bekanntschaft zu machen, die diese Zivilisation mindestens ebenso prägten wie der große Feldherr Caesar, der große Moralist Seneca und der große kaiserliche Entertainer Nero. Die Rahmentexte leuchten sachliche historische Hintergründe aus und geben philologische Fingerzeige zu den literarisch ausgefeilten Gedichten, die Martials Ruhm als »eigentlicher Schöpfer und hervorragendster Vertreter des römischen Epigramms« (H. Szelest) begründen. Damit einzelne Kapitel in sich abgeschlossen sind, wurden einige wenige Überschneidungen und Wiederholungen in Kauf genommen.

Sollten Sie, verehrte Leserinnen und Leser, bei dem einen oder anderen Epigramm daran zweifeln, dass da vom *alten* Rom die Rede ist, und auf Typen und Verhaltensweisen zu stoßen glauben, die Ihnen bekannt vorkommen, so sehen Sie sich als Opfer einer Sinnestäuschung oder als mit der Antike allzu vertrauter Mensch an. Denn den Geizkragen Gellius, den Partytyrannen Ligurinus, den Angeber Mamurra oder den Erbschleicher Phileros – sie alle gibt es heutzutage nicht mehr. Was man ja schon an den fremden Namen erkennt.

GEGEN FIESE GASTGEBER

Gastmähler, *convivia*, waren ein zentraler Bestandteil des gesellschaftlichen Lebens in der römischen Oberschicht. Man lud einander ständig zu solchen Partys ein und nutzte sie auch weidlich dazu, den eigenen Wohlstand zu demonstrieren: ein prächtiges Haus, eine geschmackvolle Ausstattung mit griechischer Kunst, großer Bibliothek – Bücher waren teuer, da sie einzeln durch Kopisten hergestellt wurden – und kostbaren Möbeln, dazu schweres, möglichst altes Tischsilber, hübsche Bediensklaven und natürlich erlesene Speisen und Weine. Das alles diente dem Renommee, und in den ›besten‹ Kreisen kam es zu einem Überbietungswettbewerb, der das Gastmahl vielfach zu einem nicht mehr ganz so unterhaltsamen Schauplatz sozialer Distinktionsallüren werden ließ. Die legere Kleidung der Teilnehmer – man legte die steife Toga ab und griff stattdessen zur bequemen, kurzen, oft auch farbigen *synthesis* – konnte nicht über die latente Konkurrenzsituation hinwegtäuschen, und auch nicht das kräftige Pokulieren, wenn das *convivium* in eine *comissatio*, einen »Trinkabend«, überging.

In diesem Umfeld gab es reichlich Möglichkeiten, sich als zugewandter, großzügiger Gastgeber zu profilieren und bei aller Selbstinszenierung genussvolle Partys auszurichten, an die sich die Gäste gern erinnerten. Für Satiriker waren indes diejenigen Gastgeber ein ertragreicheres Feld, die sich in der einen oder anderen Weise danebenbenahmen und blamierten. Der Klassiker ist dabei die Schilderung der *cena Trimalchionis* durch Petron. Trimalchio, ein neureicher Freigelassener, eifert den *convivia* der vornehmen Gesellschaft nach, aber er erweist sich als tyrannischer, manipulativer Gastgeber, der in pausenloser Selbstdarstellung gar nicht merkt, in welche Fülle von Fettnäpfchen er tritt. Es spricht einiges dafür, dass Petron mit der vergnüglichen Schilderung der peinlichen Fauxpas dieses Möchtegern-Aristokraten indirekt auch an den *convivium*-Allüren mancher tatsächlicher Aristokraten und anderer Oberschicht-Angehöriger Kritik üben wollte, indem er ihnen einen Zerrspiegel vorhielt, der aber eben durchaus noch ein Spiegel war. Andere Satiriker übten diese Kritik direkter. So auch Martial in seinen humorvollen Kurzporträts kleingeistiger Tafel-Tyrannen. Wie hoch der Prozentsatz dieser fiesen Gastgeber war, wissen wir nicht. Aber *dass* es diese Typen gab und dass sie nicht allzu selten anzutreffen waren, steht außer Frage.

Ziemlich plump geht ein Fabullus vor, der seinen Gästen angeblich überhaupt nichts zu essen reichen lässt. Ob das glaubwürdig ist? Vielleicht hat Martial zugunsten der Pointe ein ziemlich karges Mahl unterschlagen oder das Fehlen von Fleisch mit *nihil*, »nichts«, gleichgesetzt. Auf jeden Fall hat Fabullus ziemlich merkwürdige Prioritäten gesetzt:

Unguentum, fateor, bonum dedisti
convivis here, sed nihil scidisti.
Res salsa est bene olere et esurire.
Qui non cenat et unguitur, Fabulle,
hic vere mihi mortuus videtur. (III 12)

Du hast, das gebe ich gern zu, gutes Salböl
gestern deinen Gästen spendiert, aber du hast
nichts zerschneiden lassen.
Es ist schon eine komische Sache, gut zu riechen,
aber hungrig zu sein.
Wer nicht ordentlich speist, aber gesalbt wird, Fabullus,
der scheint mir wahrhaftig tot zu sein.

Das Salben der Gäste mit Parfüms und wohlriechendem Öl gehörte zum *convivium* dazu; *unguenta*, »Salböle«, galten geradezu als Inbegriff von Freizeit und Wohlleben. Dafür gab es indes auch einen ganz praktischen Grund: Auf den Speisesofas lagen in der Regel drei Personen, und dadurch wurde es dort ziemlich eng; mit zunehmender Erhitzung durch Weinkonsum nahmen die körperlichen Ausdünstungen zu – der Gastgeber hatte ebenso wie seine Gäste ein Interesse daran, dass die überdeckt wurden. Fabullus hat sich in dieser Hinsicht nicht lumpen lassen. Er hat kein billiges Zeug von seinen Sklaven verteilen lassen, sondern qualitativ hochwertige Essenzen: *unguentum bonum*, »gutes Salböl«, wie der Dichter auch unumwunden zugibt. Umso unangenehmer fiel die ›lukullische‹ Bewirtung der Gäste dagegen ab. »Nichts zu schneiden« weist darauf hin, dass kein Fleisch gereicht wurde. Das war indes der Clou einer elaborierten Tischkultur. Bei den einfachen Leuten kam Fleisch bei nur wenigen Gelegenheiten auf den Tisch, aber in Martials gehobenen Kreisen – das war, auch wenn er sich als *pauper poeta*, »armer Dichter«, stilisiert, *seine* Welt – war es ungewöhnlich und galt als Ausdruck extremer Knauserigkeit, wenn Fleischgerichte fehlten. Der Effekt, das *esurire*, »hungern«, sollte man *cum grano salis* verstehen: Die Teilnehmer an Fabullus' *convivium* brauchten wohl kaum Kohldampf zu schieben, aber bei teuren oder gar exquisiten Speisen hieß es Fehlanzeige. Der Ärger darüber war groß – und er entlud sich in einer ingeniösen Pointe. Martial fällt eine ›schlagende‹ Parallele ein: Wer roch – außer den enttäuschten Gästen des Fabullus – noch gut, kriegte aber nichts zu essen? Tote. Die wurden in Familien, die sich das leisten konnten, von Bestattern aufwendig ›hergerichtet‹ und mit schweren Ölen und Parfüms reichlich übergossen, was den Verwesungsgeruch überdecken sollte. Und so entgleiste die ›lahme‹, freudlose Party bei Fabullus eher zu einem Treffen von »Toten«. Von »Toten«, die immerhin gut rochen.

Der nächste Gastgeber scheint ein spendabler zu sein, der mit gutem, altem Wein verwöhnt:

Potavi modo consulare vinum.
Quaeris, quam vetus atque liberale?
Ipso consule conditum; sed ipse,
qui ponebat, erat, Severe, consul. (VII 79)

Jüngst trank ich Konsul-Wein.
Du fragst, wie alt er war und wie edel?
Er wurde unter dem Konsul selbst gelagert. Allerdings
war der, der ihn vorsetzte, Severus, selbst Konsul.

Konsul-Wein oder konsularischer Wein – das klingt nach einem guten Jahrgang aus alter Zeit. Und es weckt die Neugierde des Severus. So wie Weinkenner heute gern aufs Etikett schauen, um dann mit Anerkennung nicht zu geizen, will er Näheres wissen. Der erste Teil der Antwort hört sich noch ganz verheißungsvoll an, wenngleich er wenig Konkretes preisgibt. Der zweite Teil macht dann mit der Schlusspointe *consul* deutlich, dass es sich gewissermaßen um Heurigen handelte. Der Jahrgang war der des *aktuellen* Konsuls. Ein Spiel mit der ›aufgeladenen‹, geradezu aufgeblasenen Bedeutung von *consularis*, aus der Martial sozusagen die Luft lässt. Zu viel erwartet! Aber ohne unterschwelliges »ätsch!« Denn der eigentliche Leidtragende ist er selbst, und Neid, der mit dem ersten Vers vielleicht aufkommen könnte, ist denkbar unangebracht.

Betraf die ›Sparaktion‹ mit dem ziemlich jungen »konsularischen« Wein alle Gäste des findigen Konsuls, so verlegten sich andere Gastgeber auf eine differenzierte, aber auch stark differenzierende, um nicht zu sagen stigmatisierende Sparmethode: Sie ließen Weine und Speisen von unterschiedlicher Qualität servieren. Wichtige Leute und enge Freunde des Gastgebers bekamen Vorzügliches hingestellt, gesellschaftlich niedriger Stehende wie einfache Bürger, Freigelassene und Klienten durften zwar auf den Speisesofas liegen, nahmen kulinarisch aber sozusagen am Katzentisch Platz.

Eine Unart, fand der Jüngere Plinius. Er warnt vor »dieser modischen Verbindung von Luxusgehabe und schmutzigem Geiz« (*Epistulae* II 6,7). Moderne Beobachter hauen nur zu gern in diese Kerbe einer ›perversen‹ Ungleichheit beim *convivium*. Manche weisen auf die Etymologie des

Wortes hin, die ein *con-vivere*, »gemeinsames Leben«, beschreibe und deshalb für Ungleichbehandlungen eigentlich keinen Platz lasse. Tatsächlich aber war das *convivium* alles andere als ein ›demokratisches‹ Zusammentreffen insofern gleichberechtigter Personen. Die Hierarchie der römischen Gesellschaft wurde zum einen durch die Anordnung der Plätze abgebildet – da gab es ›Ehrenplätze‹ und geradezu eine Rangordnung innerhalb der klassischen neun Plätze –, zum anderen in der Gesprächsführung. Wer politisch wenig zu sagen hatte, hatte auch bei der Party wenig zu sagen, und insofern entsprach eine Ungleichbehandlung der Gäste durchaus dem römischen System. Das gesellschaftlich nivellierende Zusammenleben von Angehörigen unterschiedlicher Schichten war jedenfalls beim römischen *convivium* eher die Ausnahme; der etymologische Anspruch entsprach keineswegs der convivialen Realität.

Trotzdem gab es einen allgemeinen Konsens, die sozialen Unterschiede nicht durch eine diskriminierende Bewirtung auch noch zu betonen. Ganz sicher hat sich die große Mehrheit der Gastgeber diesem Comment gebeugt. Umso mehr ließ sich ein Abweichen von dieser Praxis skandalisieren – für den Satiriker Martial eine willkommene Gelegenheit, um entsprechend unsensible Gastgeber als »eigensüchtig«, »fies« und »unfair« zu attackieren. Dabei verfahren die einschlägig ›Verdächtigen‹ ganz unterschiedlich: Ein gewisser Ponticus gönnt nur sich selbst Gutes, versucht aber, die Diskriminierung zu tarnen. Doch Martial durchschaut ihn:

Nos bibimus vitro, tu murra, Pontice, quare?
Prodat perspicuus ne duo vina calix. (IV 85)

Wir trinken aus Glas, *du* aus Flussspatgläsern,
Ponticus. Weshalb?
Damit der durchsichtige Becher nicht verrät,
dass zwei Weine im Spiel sind.

Myrrhinische Gefäße, die angeblich den Duft von Myrrhe ausstrahlten, waren das Nonplusultra im römischen Gläserluxus. Sie kosteten Unsummen und waren beliebte Luxusaccessoires, mit denen sich renommieren ließ. Dass der Gastgeber nur einen dieser Schätze besaß und ihn für sich selbst reservierte, war nachvollziehbar und verständlich. Aber Martial kommt ihm auf die Schliche: Ponticus setzt seinen myrrhinischen Becher auch noch taktisch ein, um sich selbst einen edleren Tropfen zu genehmigen als seinen Gästen. Die Farbe des Weins, den sie zu trinken bekommen, schimmert durch die Glasbecher; bei Ponticus bleibt sie diskret hinter der opaken, von farbigen Adern durchzogenen Außenhaut des Edelpokals – *maculosa*, »gesprenkelt«, sagt Martial an anderer Stelle (X 80,1) – verborgen. Damit entspricht Ponticus' Verhalten exakt der von Plinius gerüffelten Kombination von Luxus und Geiz. Irgendwie müssen die Kosten für das nächste myrrhinische Gefäß ja eingespart werden …

Was Ponticus mit den Getränken macht, macht Caecilian mit den Speisen – allerdings ohne es zu tarnen. Die Gäste schauen fassungslos zu:

Dic mihi, quis furor est? Turba spectante vocata
solus boletos, Caeciliane, voras.
Quid dignum tanto tibi ventre gulaque precabor?
Boletum, qualem Claudius edit, edas. (I 20)

Sag mir: Was ist das für ein Wahnsinn? Die Schar
deiner geladenen Gäste schaut zu,
während du, Caecilian, als Einziger Edelpilze
verschlingst.
Was soll ich dir wünschen, das für einen so gewaltigen
Magen und Mund passt?
Einen Pilz, wie Claudius ihn aß, den iss auch du!

Das Epigramm gliedert sich in zwei gleich lange Teile. Im ersten wird das Verhalten des Caecilian skizziert, im zweiten die Reaktion des dichterischen Ichs darauf beschrieben. Das kann seine Empörung allerdings nicht zügeln, sondern macht gleich zu Anfang deutlich, dass es den Gastgeber für einen Verrückten hält: *Furor* ist das Substantiv zu *furere*, »toben«, »wüten«, »außer sich sein«. Ins Umgangssprachliche übersetzt, heißt die einleitende Frage: »Sag mal, hast du sie eigentlich noch alle?« Die Leser sind auf eine Ungeheuerlichkeit eingestimmt. Sie wird im nächsten Satz erläutert: Caecilian lässt sich selbst edle Pilze servieren – und seine Gäste dabei zugucken. *Turba*, die »Schar«, und *solus*, »allein«, bilden einen starken Kontrast, und auch die Tätigkeiten stehen in scharfer Opposition zueinander: Die einen schauen zu, sind also nur passiv beteiligt, Caecilian aber schaufelt sehr aktiv die leckere Vorspeise in sich hinein; *vorare* schildert ein wenig kultiviertes Essen: »in sich hineinziehen«, »schlingen«, ja »fressen«. Die Dreistigkeit des

Allein-Essens wird noch gesteigert durch die Hemmungslosigkeit des gierigen Verschlingens: Unappetitlicher geht ein *spectaculum* kaum, zu dem Caecilianus seine Gäste eingeladen hat: *Vocata* stellt unmissverständlich dar, dass das alles kein Zufall ist. Die Zuschauer wurden »gerufen«, ja »eingeladen«. Bauch und »Schlund« des Gastgebers – *gula* greift noch einmal das »Schlingen« auf – füllen sich; *tantus*, »so groß«, knüpft an *solus*, »allein«, an: Wer den anderen nichts abgibt, verfügt über entsprechende körperliche ›Kapazitäten‹. So einem unverschämten Fress-Single wünscht man als Zuschauer keinen »guten Appetit«. Sondern? Dass Caecilian mit diesem Pilzgericht die Nachfolge des Kaisers Claudius antritt. Der wurde der Überlieferung zufolge (Sueton, *Claudius* 44,2; Tacitus, *Annales* XII 67,1) mit eben solchen *boleti* vergiftet und soll daran gestorben sein. Das ans Ende gestellte *edas*, »du sollst essen« / »iss«, wirkt in diesem Zusammenhang wie ein sarkastisches »wohl bekomm's!«.

Leidtragende der ›Differenzierungsmaßnahmen‹ von Gastgebern waren vor allem die Klienten. Sie stellten sich den auf Repräsentation bedachten Reichen als eine Art gesellschaftliches Kapital zur Verfügung, indem sie morgens zur Begrüßung erschienen, ihren *patronus* bei Gängen aufs Forum eskortierten und ihm überall da, wo er bedeutend erscheinen wollte, das Geleit gaben – Auftritte, die selbstverständlich in der umständlich anzulegenden Toga absolviert werden mussten, um Seriosität und soziale Vorzeigbarkeit der Klienten (nur römische Bürger durften die Toga tragen) zu demonstrieren. Der ›Klientenlohn‹ bestand in einer *sportula*, ursprünglich einem »Körbchen« mit Naturalien, später dann als Begriff auch für ein Geldgeschenk, ein geschenktes Kleidungsstück oder Ähnliches verwendet. Die *sportula* ersetzte damit eine Einladung des Klienten ab und an zur *cena*. Nero schaffte diese Einladungen ab und erlaubte nur noch die *sportula* (Sueton, *Nero* 16,2). Einige Jahrzehnte später – in Martials Schaffenszeit – erfolgte die legislatorische Rolle rückwärts: Domitian untersagte die *sportula* und verlangte von den Patronen, ihre Klienten wieder mit einer *cena recta*, einem »ordnungsgemäßen Essen«, zu bewirten (Sueton, *Domitian* 7,1). Das hieß: mit dem für ihre Verhältnisse üblichen Tafelaufwand und in einem ›würdigen‹ Ambiente; kein ›Abfüttern‹ in der Bedienstetenküche. Heute würde man vielleicht sagen: ein ordentliches Abendessen im Familienkreis, keine Einladung in ein Fast-Food-Restaurant, kein Zusammensitzen zu einer Pizza-Lieferung.

Doch das kaiserliche Dekret war das eine, die Praxis der hohen Herren das andere. Martial beklagt den ›Betrug‹ an den Klienten:

Invitas centum quadrantibus et bene cenas.
Ut cenem, invitor, Sexte, an ut invideam? (IV 68)

Du lädst mich für hundert Quadranten ein und
speist selbst üppig.
Werde ich eingeladen, um zu speisen, Sextus,
oder um neidisch zu sein?

100 Quadranten – das hört sich doch großzügig an. Aber nur für moderne Leser. Denn der *quadrans* war für Römer eher negativ konnotiert: ein Viertel As, die kleinste Münze. Umgerechnet spendiert Sextus seinem Klienten ein Essen

für 25 As. Das sind gut 6 Sesterze – etwa der Tageslohn eines Arbeiters. Aber für Martials Lesepublikum sind das ›Peanuts‹ – erst recht, wenn man es mit dem Tafelluxus reicher Patrone vergleicht, die für eine einzige *cena* schon mal Hunderte oder sogar Tausende Sesterze ausgaben. Auf diese Kategorie weist auch das folgende *bene* hin: Der Gastgeber selbst spart an nichts; er lässt es sich »gut« gehen. Ist der Kontrast zwischen dem jeweiligen Bewirtungsaufwand im ersten Vers nur angedeutet, so kommt er im zweiten Vers voll zur Entfaltung: Neid entsteht dort, wo man auf Bessergestellte blickt. Von der vorgeschriebenen *cena recta* ist das, was das dichterische Ich an der Tafel des Sextus erlebt, meilenweit entfernt. Daher kommt ihm der schlimme Verdacht, dass das Motiv der Ungleichbehandlung nicht nur Sparsamkeit oder Geiz ist, sondern sogar die Absicht, den Klienten durch Vorführung der eigenen Luxus-›Verpflegung‹ neidisch werden zu lassen. Manche fiesen Charaktere weiden sich ja geradezu am Neid ihrer Mitbürger. Gehört auch Sextus dazu? Der mit doppeltem *ut*, »damit«, betonte Finalsatz und die gewissermaßen nachklingende Stellung des *invidere*, »neidisch sein«, als Schlusspointe legen das jedenfalls nahe.

Bei unserem nächsten Gastgeber liegen die Dinge ganz anders. Er bietet exzellente Leckerbissen und spart kulinarisch an nichts und gegenüber niemandem. Aber diese üppige Bewirtung hat ihren Preis: Ligurinus nimmt seine Gäste als Alleinunterhalter gewissermaßen in Geiselhaft. Er hält sich für ein großes poetisches Talent und will die Tafelrunden mit seinen musischen Ergüssen beglücken. Eine Zwangsbeglückung, mit der manch ein Gastgeber offenbar auch im wirklichen Leben seine Gästeschar nervte.

Fugerit an Phoebus mensas cenamque Thyestae,
ignoro; fugimus nos, Ligurine, tuam.
Illa quidem lauta est dapibusque instructa superbis,
sed nihil omnino te recitante placet.
Nolo mihi ponas rhombos mullumve bilibrem
nec volo boletos, ostrea nolo. Tace! (III 45)

Ob Phoebus vom Tisch und Mahl des Thyestes
geflüchtet ist –
ich weiß es nicht. Wir jedenfalls, Ligurinus, nehmen
von deiner Tafel Reißaus.
Sie ist zwar stattlich und mit verschwenderischen
Speisen gedeckt,
aber wenn du vorliest, schmeckt uns überhaupt
nichts.
Ich will nicht, dass du mir Butt vorsetzt oder eine
zwei Pfund schwere Barbe.
Und ich will auch keine Edelpilze, ich will keine
Austern. Halt einfach den Mund!

Der Mythos war in der Antike üblicherweise eine starke Beweisinstanz. Und dass Phoebus, als er merkte, dass ihm Menschenfleisch serviert wurde, voller Entsetzen vor der schauerlichen thyestischen Mahlzeit geflohen ist, wirkt angesichts des ruchlosen Verbrechens nur zu glaubhaft. Trotzdem ist sich Martial angeblich nicht sicher, ob diese von der Sage beschriebene Flucht stimmt. Umso glaubwürdiger ist das, was er von einer anderen Flucht berichtet. Da ist er sich ganz sicher: Dem betonten *nos*, »uns«, ist es bitterernst – von Ligurinus' Tafel kann man nur schnellstens abhauen. Weil Ligurinus billiges Zeug auftischen lässt? Weil er seine Gäste in verschiedene Klassen einteilt und einen Klienten wie Martial damit düpiert? Der Verdacht liegt nahe, aber er wird sofort entkräftet. Das Speisenangebot ist vielmehr superb. Mit *quidem*, »zwar«, wird eine Einschränkung allerdings schon früh angedeutet, und mit *sed*, »aber«, kommt dann auch der ›Pferdefuß‹ ziemlich schnell: Der Stein des Anstoßes ist die Rezitationstätigkeit des Gastgebers. Sie führt zur sofortigen Appetitlosigkeit; *nihil omnino placet*, überhaupt nichts kulinarisch Geschmackvolles kommt gegen dessen poetische Geschmacklosigkeit an.

Oder vielleicht doch? Die lukullischen Verführungen dürfen noch einmal Revue passieren: Edelfische der Spitzenklasse, Edelpilze und edle Austern – all das, was Römern sonst das Wasser im Munde zusammenlaufen lässt, wird mit dreifachem barschem »will ich nicht!« zurückgewiesen. Die Bestechung funktioniert nicht; die mangelnde Qualität der Rezitation – grausam und ruchlos wie das thyestische Mahl des Mythos – behält gegenüber der verlockenden Qualität von Spitzenerzeugnissen der römischen Küche die Oberhand. Was also will der Gast, wo bleibt nach dreimaligem Nichtwollen das Positive? Es schließt in Gestalt eines Imperativs das Epigramm harsch ab: *tace*, »schweig!«. Jedes weitere Wort wäre angesichts des lausigen Vortrags zu viel.

Ein weiteres Mal rechnet Martial mit Ligurinus erbarmungslos ab – so erbarmungslos, wie der mit seiner Tafelgesellschaft durch ellenlange Vorlesungen umzuspringen pflegt:

Haec tibi, non alia, est ad cenam causa vocandi,
versiculos recites ut, Ligurine, tuos.
Deposui soleas, adfertur protinus ingens
inter lactucas oxygarumque liber;
alter perlegitur, dum fercula prima morantur,
tertius est, nec adhuc mensa secunda venit;
et quartum recitas et quintum denique librum.
Putidus est, quotiens si mihi ponis aprum.
Quod si non scombris scelerata poemata donas,
cenabis solus iam, Ligurine, domi. (III 50)

Dies ist der einzige Grund – es gibt keinen anderen –,
weshalb du Gäste zum Speisen einlädst:
Du willst, Ligurinus, deine Verschen vortragen.
Ich habe gerade meine Sandalen abgelegt, da wird
gleich schon ein gewaltiges
Buch zwischen Lattichsalat und scharfer Fischsoße
herbeigebracht.
Ein zweites wird von Anfang bis Ende vorgelesen,
während der erste Gang noch
auf sich warten lässt.
Schon ist das dritte da, aber der zweite Gang
kommt immer noch nicht.
Und du trägst das vierte und schließlich das fünfte
Buch vor.
Ranzig stinkt es, jedes Mal, wenn du mir
Wildschwein servieren lässt.
Wenn du aber deine verfluchten Gedichte nicht
den Makrelen spendierst,
wirst du bald schon, Ligurinus, allein zu Hause
speisen.

Die Entlarvung steht ›knallhart‹ am Anfang. Mit seinen Einladungen zum Gastmahl verfolgt Ligurinus ein einziges Ziel: Zuhörer für seine Dichtungen anzulocken. Mit *non alia (causa)*, »kein anderer (Grund)«, betont Martial den Egoismus des Gastgebers. Das gepflegte Zusammensein und Gespräch mit anderen interessiert ihn nicht, er braucht nur ein Auditorium, und die *cena* ist seine Bühne. Auf der spielen die Bücher des Gastgebers eine deutlich wichtigere Rolle als das Essen. Die Speisenfolge hinkt der Bücherfolge erheblich hinterher. Sie hält mit dem Abwickeln immer weiterer Papyrusrollen so wenig Schritt, dass das vierte und fünfte Buch ganz ohne kulinarische ›Tarnung‹ an der Reihe sind.

Dass da nicht nur Auszüge präsentiert werden, stellt *perlegitur* beim zweiten Buch klar; vom *per*, »durch«, »von A bis Z«, bleiben die Gäste sicher auch bei den weiteren Buchrollen nicht verschont. Die Lesung zieht sich zäh hin, und das hat Auswirkungen auf die Speisen: Der servierte Wildschweinbraten ist in Fäulnis übergegangen und stinkt (*putidus*), wenn Ligurinus mit seiner Rezitation endlich Schluss macht. Und das passiert nicht einmal, sondern ist, wie *quotiens*, »jedes Mal, wenn«, dokumentiert, eine mehrmals gemachte Erfahrung – natürlich eine gewaltige Übertreibung, aber doch sehr anschaulich, um die lange Zeitdauer erahnen zu lassen, die die Lesung des Gastgebers verschlingt, bevor die Gäste zum Hauptgang sozusagen zugelassen werden. Die mehrfachen schlechten Erfahrungen bereiten auch den Zornesausbruch vor, der in einer Verfluchung der *scelerata poemata*, »verbrecherischen Gedichte«, gipfelt – und in der für einen Literaten wüsten Empfehlung, die Papyrusrollen mit der verdammten Poesie nur noch zum Einwickeln von

Makrelen zu verwenden bzw. nach einer anderen Interpretation zum Umwickeln beim Kochen. Mit *quod si non*, »wenn aber nicht«, setzt Martial seinem Gastgeber in warnender Form ein Ultimatum: Geht er nicht darauf ein, dann wird die Gastmahl-›Erpressung‹ nicht mehr funktionieren. Die Gäste werden ausbleiben, Ligurinus wird allein zu Hause speisen. Dann wird das Essen, darf man schlussfolgern, auch sehr viel schneller vonstatten gehen, denn *solus*, »allein«, und *recitare*, »vortragen«, passen nicht ganz so gut zusammen.

Ob sich Martial, wenn er selbst Gastgeber war, an den Warnungen orientiert hat, die er anderen Poeten ins epigrammatische Stammbuch geschrieben hat? Er kokettiert durchaus mit dem Motiv, wenn er in zwei Einladungsgedichten ausdrücklich verspricht: »Der Hausherr wird kein dickes Buch vorlesen.« – »Und ich verspreche dir noch mehr: Ich werde dir nichts rezitieren« (V 78,25; XI 52,16). Was manche Gäste angesichts des Esprits, der Schlagfertigkeit und literarischen Eleganz von Martials Epigrammen eher als Drohung denn als Versprechen gewertet haben dürften.

GEGEN MAHLZEITENSCHNORRER

Mahlzeitenschnorrer? Was ist das für eine merkwürdige Spezies? Sie kommt heutzutage so gut wie nie vor. Der normale Schnorrer: Das ist einer, der um eine Gratiszigarette oder einen Euro oder irgendeine andere materielle Kleinigkeit bittet. Schnorrer können nerven, aber selten erweisen sie sich als so lästig, wie Martial und andere Satiriker ihre Pendants im antiken Rom schildern. Dort ging es allerdings um deutlich mehr: Mahlzeitenjäger wollten eine Einladung zu einem *convivium* ergattern, einem Gastmahl oder, zeitgemäßer ausgedrückt, zu einer Party, wie sie im alten Rom jeden Tag zu Hunderten stattfand. Auch wenn sich manche Gastgeber abstoßende Allüren leisteten (siehe Kapitel 1): Eingeladen zu werden, dabei zu sein und möglichst üppig bewirtet zu werden, war für manch einen schon eine Verlockung.

Auf diese Weise wurde der Typus des Parasiten in der Komödie zu einer realen Figur. Mahlzeitenjäger scheuten keine Mühe und keine Peinlichkeit, um an ihr Ziel zu gelangen. Wie verbreitet diese aufdringlichen Nervtöter waren, wissen wir nicht. Dass sie von Satirikern kräftig durch den Kakao gezogen wurden, ist kein Indiz für ihre – heute manchmal behauptete – Omnipräsenz. Mahlzeitenschnorrer verfolgten unterschiedliche Zermürbungsstrategien, um an die erhoffte Einladung zu kommen. Schmeichelei war dabei in der römischen Gesellschaft eine sehr aussichtsreiche; nicht wenige mochten es sehr, gelobt und gefeiert zu werden – von wem auch immer.

Laudantem Selium cenae cum retia tendit,
accipe, sive legas sive patronus agas:
»Effecte! Graviter! Cito! Nequiter! Euge! Beate!
Hoc volui!« – »Facta est iam tibi cena, tace!« (II 27)

Vernimm, wie Selius dich lobt, wenn er seine Netze
für eine Mahlzeit auswirft,
sei es, dass du (aus deinen Werken) vorträgst,
sei es, dass du als Anwalt auftrittst.
»Perfekt! Geradezu majestätisch! Flott! Clever!
Bravo! Genial!
Genauso hab ich's mir vorgestellt!« – »Das Essen
ist schon fertig für dich. Sei still!«

Wer Netze auslegt, ist auf Beute aus. Selius fällt damit unter die unseriösen Schmeichler, denen es bei Komplimenten (*laudantem*) nicht auf die Wahrheit ankam. Sie verfolgten vielmehr eine Taktik, um an ihr Ziel zu kommen. Dazu mischten sie sich unter die Zuhörer von Männern, die öffentlich auftraten und diese Auftritte von ihrem Publikum begutachten ließen. Das waren zum einen Anwälte, die sich in Gerichtsverfahren für ihre Mandanten oder gegen deren Prozessgegner ins Zeug legten. Die Reaktion der Zuschauer auf ihre Ausführungen blieb – anders als in heutigen Gerichtssälen, wo Bei- und Missfallenskundgebungen den Zuschauern untersagt sind – nicht ohne Einfluss auf die Geschworenen. Wer rhetorisch brillant plädierte und dafür Beifall aus dem Zuschauerraum erhielt, durfte als Rechtsanwalt auf einen erfolgreichen Auftritt im Sinne seines Mandanten hoffen.

Der zweite Fall betraf Dichterlesungen. Wer sich von der Muse geküsst fühlte und eigene poetische, manchmal auch prosaische Texte aufgeschrieben hatte, lud gern zu öffentlichen Lesungen ein – sofern er nicht von ihm selbst ausgerichtete *convivia* zu Selbstdarstellungsauftritten missbrauchte. Auch hier waren lautstarke Reaktionen des Auditoriums üblich – und, wenn es sich um ein positives Feedback handelte, von den Vortragenden besonders geschätzt. Das konnte, wenn es gut getimed oder gar inszeniert war, auf die anderen Zuhörer überspringen und auch sie zu Beifall veranlassen – oder diejenigen, die anderer Meinung waren, zum Zurückhalten ihrer Kritik.

Selbst wenn die Bravo-Rufe bestellt oder in ihrer Intention durchsichtig waren, konnten sich alle Beteiligten ihrer Wirkung kaum entziehen. Erst recht, wenn sie als derart akklamatorisches Stakkato daherkamen, wie Selius es abfeuert, während er unterschiedliche superlativische Aspekte unterbringt. Der Mann hat keinerlei Hemmungen; er duldet keinen Widerspruch. Das Einzige, mit dem man die peinliche Lobhudelei beenden kann, ist, ihm die Erfüllung seines Herzenswunsches zuzusagen: »Du bist zum Essen eingeladen!« – »Und hast damit dein Ziel erreicht«, schwingt in der Zusage mit. So dass das peinliche ›Sich-Einschleimen‹ ein Ende finden kann: *tace*, »halt den Mund!«, »hör auf mit deinen Lobhudeleien!«. Der Köder war erfolgreich, das Opfer ist ins Netz gegangen. Aber bitte, bitte, halt's Maul!

Eine andere Strategie verfolgt Menogenes. Er gibt sozusagen die Klette, den unerbittlichen Verfolger, dessen Gefälligkeiten und Schmeicheleien man sich nirgendwo entziehen kann.

Effugere in thermis et circa balnea non est
  Menogenen, omni tu licet arte velis.
Captabit tepidum dextra laevaque trigonem,
  inputet exceptas ut tibi saepe pilas.
Colligit et referet laxum de pulvere follem,
  et si iam lotus, iam soleatus erit.
Lintea si sumes, nive candidiora loquetur,
  sint licet infantis sordidiora sinu.
Exiguos secto comentem dente capillos
  dicet Achilleas disposuisse comas.
Fumosae feret ipse propin de faece lagonae
  frontis et umorem colligit usque tuae.
Omnia laudabit, mirabitur omnia, donec
  perpessus dicas taedia mille »veni!«. (XII 82)

In den Thermen und rund um die Bäder dem
    Menogenes zu entfliehen
  ist nicht möglich, auch wenn du es mit jedem Trick
    versuchen willst.
Fangen wird er den noch warmen Ball mit der Rechten
    und der Linken,
  um die aufgefangenen Bälle oft für dich zu zählen.
Er sammelt den schlaffen Ball aus dem Staub auf und
    bringt ihn wieder ins Spiel,

auch wenn er schon gebadet ist und seine Sandalen
wieder anhat.
Greifst du zu deinen Badetüchern, so wird er sagen,
sie seien weißer als Schnee,
selbst wenn sie schmutziger sind als der Latz
eines Kleinkindes.
Kämmst du mit gezähntem Kamm deine paar Haare,
wird er sagen, du habest deine Achill-Locken
in Ordnung gebracht.
Persönlich wird er dir mit dem Bodensatz der rauchigen
Weinflasche zuprosten,
und er wischt dir fortwährend den Schweiß von
der Stirn.
Alles wird er loben, alles bewundern, bis du
der tausend Nervigkeiten überdrüssig sagst: »Komm!«

Das erste Wort nennt das Thema des Epigramms: *effugere*, »flüchten«, »entgehen«. Es folgt die Angabe des Schauplatzes: Thermen und Bäder, d. h., das Geschehen spielt sich im Freizeitbereich ab. Die nächste Information ist ziemlich desillusionierend: Die Flucht hat keinen Sinn, einem Menogenes kann man einfach nicht entkommen, egal, welche Tricks man sich einfallen lässt. Das Abschütteln aufdringlicher Nervtöter ist ja tatsächlich eine *ars*, eine »handwerkliche Kunst«: Man will nicht unhöflich sein, den lästigen Menschen nicht vergraulen oder beleidigen und trotzdem endlich seine Ruhe haben. Ein wunderbares Beispiel dafür, wie man dabei ins Schwitzen gerät und wie manch eine ›Klette‹ ungerührt weitermacht, selbst wenn sie bemerkt, dass der andere sie verzweifelt loswerden will, ist die Schwätzersatire des Horaz (*Saturae* I 9).

Hier also ein gewisser Menogenes, der sich zum Thermenschreck entwickelt hat. Die Lage ist eindeutig: Eine Chance, ihm zu entkommen, gibt es nicht. Diese Feststellung wird in den nächsten Versen an Beispielen veranschaulicht und bewiesen. Sie alle zeigen, wie liebedienerisch Menogenes sich verhält und sich dabei auch nicht schont. Er ist peinlich, zugleich aber auch bemüht und – scheinbar – selbstlos. Das Ballspiel war der Lieblingssport der Römer. Die Palästren in den großen Thermen boten genügend Raum dazu. Kein Wunder, dass Menogenes sie als sein Jagdrevier entdeckt. Hat er ein Opfer ausgeguckt, dient er sich gleichermaßen als Balljunge, Mitspieler und Schiedsrichter an, der die Punkte zum eigenen Nachteil zugunsten seines ›Favoriten‹ zählt. *Tibi* ist ein Dativus commodi, »Dativ des Vorteils«, »für dich« – du bist der Nutznießer seiner Schummeleien. Freilich weiß man aus dem Eingangsstatement, dass diese Parteinahme schwerlich selbstlos ist. Die Rechnung für den »Vorteil« wird folgen.

Das zweite probate Mittel der Mahlzeitenjäger ist die Schmeichelei. Menogenes lobt deine »schneeweißen Badetücher«, mögen sie auch in fast ekelhafter Weise fleckig und dreckig sein: Kinderlätze sind selten ein ästhetischer Anblick. Und wenn du nach dem Bad deine paar Haare zu einer Frisur kämmst, die mangels Masse keine wirkliche Frisur ist, vergleicht er dich mit dem üppig gelockten, jugendlichen Helden Achill. Beim Zuprosten auf dein Wohl verschmäht er auch nicht den Bodensatz, der sich in der alten Weinflasche gebildet hat – neben der gewissermaßen charakterlichen Überwindung im vorangehenden Vers nun auch eine physische Überwindung. Menogenes hat sein Ziel fest im Blick: *effugere non est.*

Das doppelte *omnia*, »alles«, macht gleichsam zusammenfassend klar, dass du keine Chance hast, seinen Lobhudeleien zu entgehen. Du kannst haben und sagen, was du willst – Menogenes wird begeistert sein. Ein Hagel von Komplimenten, den man ganz im Unterschied zu echtem Lob durchleiden muss (*perpessus*) und von dem man am Ende nur noch genervt ist (*taedium* ist der »Verdruss«, »Ekel«), prasselt auf dich ein. Und irgendwie hörst du es doch nicht so ganz ungern, wie du gelobt wirst... Aber schließlich kannst du es nicht mehr hören und du – resignierst. Den vielen Verben in der dritten Person, die den Dauerbeschuss durch Menogenes schildern, steht ein einziges Prädikat in der zweiten Person Singular gegenüber: *dicas*, »du sagst«. Der Umschwärmte reagiert, und er reagiert so, wie der Nervtöter es erhofft und durch seine Freundlichkeiten provoziert hat: Er lädt ihn zum *convivium* ein. Das aber so kurz angebunden, dass es als unfreiwillige Einladung in geradezu verletzender Weise deutlich wird. Die Antwort auf den langen Wortschwall des Mahlzeitenjägers ist ein einziges Wort: »Komm!« Eine herzliche Einladung hört sich anders an. Wer so brüsk abgekanzelt wird, hat normalerweise keine Neigung, bei seinem Gastgeber tatsächlich aufzukreuzen. Menogenes dürfte diese demonstrative Geringschätzung indes unbeeindruckt lassen. Wer die Peinlichkeitsschwelle so häufig überschritten hat, wird auch diese, reiner Resignation geschuldete verächtliche Behandlung überstehen. Hauptsache, es gibt, schlicht formuliert, lecker zu essen ...

Wie hilfreich die hohe Kunst der Schmeichelei im ›Schnorrer-Geschäft‹ war, illustriert ein Epigramm, in dem der Dichter den umworbenen Gastgeber allerdings schonungslos desillusioniert:

Laudas balnea versibus trecentis
cenantis bene Pontici, Sabelle.
Vis cenare, Sabelle, non lavari. (IX 19)

Du rühmst in dreihundert Versen das Bad
des Ponticus, der gut zu speisen pflegt, Sabellus.
Speisen willst du, Sabellus, nicht baden.

Luxuriöse Privatbäder mit Marmor, Stuck und lichtdurchfluteten Räumen – so lobt Martial selbst das Bad des Claudius Etruscus (VI 42) – waren der Stolz mancher römischen Villenbesitzer. Wer bei ihnen zu Gast war, bekam diesen Luxus auch gern vorgeführt. Insofern konnte sich Sabellus des besonderen Wohlwollens eines Ponticus sicher sein, wenn er eine wortreiche Eloge auf dessen Bad verfasste, sie ihm überreichte oder beim *convivium* in Anwesenheit anderer Gäste sogar vortrug. Die nächste Einladung war ihm sicher. Und das war das eigentliche Anliegen seines poetischen Ergusses, wie Martial im letzten Vers enthüllt. Wer genau hinhörte oder hinschaute, konnte allerdings schon im vorangehenden Vers ahnen, worauf die Pointe hinauslief: *Cenantis bene*, »des gut Speisenden«, ist ein deutlicher Hinweis auf eine üppige Tafel, die Gästen des Ponticus winkte. Dieser indirekten Dekuvrierung des berechnenden Lobredners folgt als nächster Schritt die direkte Dekuvrierung. Das so pointiert an den Anfang gestellte *laudare* erweist sich als laute, vollmundige und wortreiche Lobhudelei, die peu à peu mit der Aufdeckung ihres unlauteren Motivs in sich zusammenfällt.

Ein aussichtsreiches Jagdrevier für Mahlzeitenschnorrer waren auch die Säulenhallen. Sie boten den von Stress, Straßenlärm und Gedränge geplagten Hauptstädtern ein bisschen Erholung und zählten auch zum Freizeitbereich. Entsprechend entspannter und ansprechbarer waren Portiken-Spaziergänger – in jeder Hinsicht auch zugänglicher für (im antiken Sinn) parasitäre ›Beutegreifer‹. Und doch war der Erfolg nicht immer garantiert, wie der hochdramatische Fall des Selius zeigt:

Quod fronte Selium nubila vides, Rufe,
quod ambulator porticum terit seram,
lugubre quiddam quod tacet piger voltus,
quod paene terram nasus indecens tangit,
quod dextra pectus pulsat et comam vellit:
non ille amici fata luget aut fratris,
uterque natus vivit et precor vivat,
salva est et uxor sarcinaeque servique,
nihil colonus vilicusque decoxit.
Maeroris igitur causa quae? Domi cenat. (II 11)

Wenn du Selius mit sorgenumwölkter Stirn siehst,
Rufus,
wenn er als Spaziergänger die Säulenhalle spät am Tag
mit seinen Füßen abwetzt,
wenn seine verdrossene Miene irgendetwas Trauriges
für sich behält,
wenn seine Nase in unanständiger Weise fast den
Boden berührt,
wenn er sich an die Brust schlägt und seine Haare rauft,
dann betrauert er nicht den Tod eines Freundes oder
eines Bruders;
seine beiden Söhne leben – und das bitte auch
noch lange –,

auch seiner Ehefrau geht es gut, er hat bei seinem Hab
und Gut und bei seinen Sklaven keinen Verlust,
nicht hat ihn sein Pächter und Verwalter (finanziell)
abgekocht.
Was also ist der Grund für seine Trauer? Er speist
zu Hause.

Ein Bild des Jammers, wie Selius da niedergeschlagen in der Säulenhalle lange Zeit auf und ab geht und das Pflaster gewissermaßen abnutzt, ohne Freude an diesem abendlichen Spaziergang zu finden. Er hat den Kopf tief gesenkt, sein Gesichtsausdruck verrät, dass er ein schlimmes Geheimnis mit sich herumträgt, ab und zu bricht er in typische Trauergesten aus: Das Schlagen der Brust und das Zerraufen der Haare sind untrügliche Anzeichen dafür. So demonstriert man sich und der Welt, dass man einen herben Verlust erlitten hat. Fünfmaliges, davon viermal anaphorisch gebrauchtes *quod*, »dass«, »wenn«, zeigt die Intensität des Traurigseins an. Es lässt keinen Zweifel daran, wie ernst es ist, und unterstreicht formal das Bedrückende der Situation.

Was ist nur mit Selius los, welches Unheil hat ihn so schwer getroffen, dass er nicht einmal darüber sprechen kann? (Vers 3), fragt sich der Leser. Und der Dichter bietet ihm allerlei hypothetische Antworten an: ein Trauerfall im engsten Familien- oder Freundeskreis? Ein herber Vermögensverlust? Ein kostspieliger Vertrauensbruch vonseiten nahestehender Menschen? Das alles ist es nicht. Sämtliche naheliegenden Ursachen werden sofort ausgeschlossen. Damit steigt die Spannung. Im letzten Vers wird sie durch ein retardierendes Moment auf die Spitze getrieben. Hinter *causa*, »Grund«, erwartet man die Lösung des Rätsels, aber sie wird erneut durch die ungewöhnlich späte Stellung des Frageworts *quae*, »welcher«, »was für ein«, hinausgezögert. Für die Antwort reichen ganze vier Silben. Diese Kürze entlarvt das Riesentheater, das Selius um einen banalen Vorgang macht. Er hat heute einfach kein Opfer gefunden, das ihn zur Party einlädt. Wobei Selius dadurch nicht am Hungertuch nagen muss. Er besitzt offenbar Sklaven, er besitzt Ländereien, von denen er einige an Kleinbauern verpachtet hat, und wer einen Gutsverwalter einsetzte, spielte eigentlich schon in der gehobenen ›Liga‹ von Großgrundbesitzern. Damit wird Selius als Geizkragen bloßgestellt, der als Parasit einfach nur Kosten sparen will. Oder ist er auf der Suche nach Gesellschaft? Möchte er den Spätnachmittag und Abend nur nicht allein verbringen? Davor würde ihn eine einfache Umkehrung der Einladungspraxis bewahren. Würde er selbst ein *convivium* ausrichten, könnte er sicher sein, genügend Gäste an seiner Tafel zu begrüßen. Auch dann würde er zu Hause speisen, hätte aber zusätzliche Kosten am Hals.

Zum Schluss lernen wir noch Vacerra kennen. Auch er ist ein passionierter Mahlzeitenjäger, aber einer, der sich ein besonderes Jagdrevier ausgesucht hat:

In omnibus Vacerra quod conclavibus
consumit horas et die toto sedet,
cenaturit Vacerra, non cacaturit. (XI 77)

Wenn Vacerra in sämtlichen öffentlichen Latrinen
Stunde um Stunde zubringt und den ganzen Tag
über sitzt,
dann will Vacerra speisen, nicht kacken.

Vacerra setzt gewissermaßen auf Totalität. Das ist die semantische Rekurrenz, das beherrschende Wortfeld, das die ersten beiden Verse prägt: Er ist in *allen* Latrinen zu Hause, er verbringt dort Stund*en* – Plural plus *consumere*, »zusammennehmen« und damit »aufbrauchen bis zum Ende« – und hält sich dort den *ganzen* Tag über auf, und das im Sitzen, was zusätzlich die Immobilität und Monotonie seines Tuns illustriert. Kurz gesagt, er füllt die Dimensionen Zeit und Raum total mit Klo-Sitzen aus. Das wirkt unheimlich, fast psychotisch, klingt, als hätte Vacerra eine gewaltige Macke, eine Art Latrinenmanie. Auch der Verdacht einer sexuellen Deviation liegt nahe. Ein Toiletten-Aficionado? Suspekt, eklig, merkwürdig.

Die Aufklärung im letzten Vers stellt unbefangene moderne Leser vor ein Rätsel. Was soll das heißen, dass Vacerra diese wenig einladenden Orte dauerhaft frequentiert, um zu speisen, und nicht, um zu kacken? Martials Zeitgenossen war sofort klar, was er meinte. Sie hatten römische Latrinen vor Augen: Toiletten, die aus langen Steinbänken mit Ausschnitten, aber ohne Trennwände bestanden. D. h., dass man dort direkt oder jedenfalls mit Augenkontakt nebeneinandersaß. Damit war die römische Latrine – erst recht die mit Marmor, Wasserspielen und viel Lichteinfall ausgestattete Prachtlatrine für die ›feine‹ Gesellschaft – ein Ort der Kommunikation. Er lud die *consessores*, »Mitsitzer« – man denke an Vacerras *sedere*, »Sitzen« – dazu ein, bei längeren ›Sitzungen‹ miteinander ins Gespräch zu kommen. Heute wegen der tatsächlichen und der affektiven Barrieren schwer vorstellbar (wenngleich mit nebeneinanderliegenden Urinalen vergleichbar), in der römischen Antike aber gang und gäbe.

Damit wird auch die Strategie des ›urigen‹ Latrinengängers Vacerra offensichtlich: Er legt es auf Gesprächskontakte mit zufälligen Latrinen-›Kumpels‹ an, wickelt sie mit interessantem Klatsch, ›brandheißen‹ Informationen und üppigen Schmeicheleien ein – und lässt sich dann zur *cena* einladen. Am späten Nachmittag, da kann man sicher sein, ist der Dauersitzer Vacerra aus den Bedürfnisanstalten verschwunden. Da liegt er irgendwo im Speisesaal eines wohlhabenden Gastgebers gemütlich zu Tisch …

Martials ingeniöse Pointe setzt auf das Paradoxe des Vorgangs. Das kultivierte *cenare* und das (auch sprachlich) derbe *cacare* sind scharfe Gegensätze. Man könnte auch sagen: Es liegt eine Ursache-Folge-Wirkung vor, die von Vacerra allerdings umgekehrt wird. Er sucht den Ort des *cacare* in der Absicht des *cenare* auf. Allerdings nicht in dem vordergründig-platten Sinn, um dort gewissermaßen sein Butterbrot auszupacken. Sein Plan ist raffinierter: Als Mahlzeitenjäger spürt er in diesem Revier sozusagen seine Beute auf und ›erlegt‹ sie, indem er eine Einladung ergattert. Das Zubereiten und Verspeisen der Beute findet in deutlich kultivierterem Rahmen statt.

3

GEGEN GESCHENKEJÄGER

Wer bekommt nicht gern Geschenke? Und wer hat nicht den Eindruck, es könnten ruhig ein paar mehr sein, die ihm ›zustehen‹? Im alten Rom war es zu ähnlichen Anlässen üblich, jemanden zu beschenken, wie heute: zum Geburtstag, zu Jubiläen, zur Verlobung und Hochzeit, zum Besuch, zum Saturnalienfest im Dezember und zum Jahresbeginn, aber auch zur Verabschiedung der Gäste bei einer Party, um nur die wichtigsten Anlässe zu nennen. Manche Schnorrer überlegten sich, wie sie die Großzügigkeit ihrer Bekannten und Verwandten noch zusätzlich ›befeuern‹ konnten, und griffen dabei zu ziemlich dreisten Methoden. Das Tückische daran war, dass der umworbene Schenker die Fiktion enthüllen musste, wenn er sich bei erfundenen Anlässen nicht ausnehmen lassen wollte. *Er* war es dann, der ein Zerwürfnis in Kauf nahm oder mindestens schlechte Laune produzierte …

Wir hören zwar nicht oft davon, aber in manchen Kreisen hatte es sich wohl eingebürgert, einem Freund nach überstandener Krankheit ein Genesungsgeschenk zu machen. Der Begriff dafür, *soteria* – griechisch *sotér* ist der »Retter« – bezeichnete ursprünglich Opfergaben, die einem Gott als Dank für die wiedererlangte Gesundheit dargebracht wurden. Martial verwendet ihn aber auch für Genesungsgaben, die an den ›Patienten‹ selbst gingen.

Polycharm hat in dieser ›Geschenke-Welt‹ eine lukrative Marktlücke entdeckt:

Aegrotas uno decies aut saepius anno
    nec tibi, sed nobis hoc, Polycharme, nocet:
Nam quotiens surgis, soteria poscis amicos.
    Sit pudor: aegrota iam, Polycharme, semel. (XII 56)

Krank bist du in einem einzigen Jahr zehnmal
        oder öfter,
    und nicht dir, sondern uns, Polycharm, schadet das.
Denn jedes Mal, wenn du vom Krankenlager aufstehst,
        verlangst du Genesungsgeschenke
        von deinen Freunden.
    Schäm dich: Sei jetzt, Polycharm, nur noch einmal
        krank!

Polycharms Jahr ist geradezu vollgepackt mit Erkrankungen. Das Hyperbaton *uno ... anno* umschließt zehn und mehr Erkrankungen. Bevor sich indes beim Leser Mitleid regt, stellt Martial kühl klar, wer der eigentliche Leidtragende dieser Bettaufenthalte ist: nicht der Patient, sondern sein Freund. Der Verdacht stellt sich ein, Polycharm könnte ein eingebildeter Kranker sein. Ein Hypochonder vielleicht? Man wartet auf eine Erklärung; sie wird erwartungsgemäß mit *nam*, »denn«, eingeleitet. Die Enthüllung macht die Sache noch ärgerlicher: Polycharm wird als Simulant entlarvt, der nur auf Genesungsgeschenke aus ist.

Mit jedem »Wiederaufstehen« vom Krankenlager macht er Kasse bei seinen Freunden, und das auch noch in dreist forderndem Ton: *Poscere*, »verlangen«, »fordern«, ist ein Verhalten, das man modisch als proaktiv bezeichnen könnte.

Der vermeintlich schwache Rekonvaleszent erweist sich als verbal ausgesprochen stark: Erst simulieren und dann noch eine dicke Lippe riskieren – da erscheint die Reaktion des Geschädigten auch in ihrer Drastik verständlich. Dieser bisher schamlose »Freund« soll sich besinnen und tätige Scham beweisen, indem er »nur« noch einmal krank wird. *Semel*, »einmal«, ist prononciert fordernd ganz ans Ende gestellt, zum einen als Kontrast zu *decies aut saepius*, »zehnmal oder öfter«, der Zahlenangabe im ersten Vers, zum anderen eben auch, um die Sache zum Abschluss zu bringen und deutlich zu machen: Jetzt ist Schluss! Dass sich mit der letzten Krankheit eine verklausulierte Empfehlung verbindet, aus dem Leben zu scheiden, stellt die eigentliche Pointe dar. Polycharm hat den Bogen überspannt: »Schäm dich und tritt ab!« ist Martials letztes Genesungsgeschenk für ihn.

Ein anderes ›Geschäftsmodell‹ der Geschenkeschnorrer war es, die Zahl der eigenen Geburtstage willkürlich zu erhöhen. Schon Ovid warnt in der *Liebeskunst* vor diesem Trick mancher Frau, ihren Liebhaber zwangsweise spendabel zu machen, indem »sie immer, wenn sie etwas braucht, für sich wieder mal geboren wird« (Ovid, *Ars amatoria* I 429 f.). Diese Art von ›Abzocke‹ blieb indes nicht auf Frauen beschränkt. Auch skrupellose Männer waren firm darin, wie das Beispiel des Clytus zeigt:

Ut poscas, Clyte, munus exigasque,
uno nasceris octiens in anno
et solas, puto, tresve quattuorve
non natalicias habes Kalendas.
Sit vultus tibi levior licebit
tritis litoris aridi lapillis,
sit moro coma nigrior caduco,
vincas mollitia tremente plumas
aut massam modo lactis alligati,
et talis tumor excitet papillas,
qualis cruda viro puella servat,
tu nobis, Clyte, iam senex videris:
tam multos quis enim fuisse credat
natalis Priamive Nestorisve?
Sit tandem pudor et modus rapinis.
Quodsi ludis adhuc semelque nasci
uno iam tibi non sat est in anno,
natum te, Clyte, nec semel putabo. (VIII 64)

Um ein Geschenk zu fordern und es tatsächlich zu kassieren, Clytus,
wirst du achtmal in einem einzigen Jahr geboren,
und nur drei oder vier Monatserste, glaube ich,
gibt es für dich ohne nachfolgende Geburtstage.
Mag dein Gesicht auch glatter sein
als abgeschliffene Kiesel an einem trockenen Strand,
mag dein Haar auch schwärzer sein als die zum Fallen reife Maulbeere,
magst du auch mit zitterndem Wangenflaum Federn übertreffen
oder die geknetete Masse gerade geronnener Milch

und magst du eine solche Schwellung deiner
Brustwarzen haben,
wie sie das jungfräuliche Mädchen für ihren
Mann bewahrt,
so scheinst du uns, Clytus, trotzdem schon ein
Greis zu sein.
Denn wer könnte glauben, dass so viele Geburtstage
(wie du)
selbst ein Priamos oder ein Nestor gefeiert haben?
Schäm dich endlich und setze deinen Raubzügen
ein Maß!
Wenn du aber noch weiter dein Spiel mit uns treibst
und ein einziges Mal geboren zu werden
in einem Jahr dir immer noch nicht ausreicht,
dann werde ich davon ausgehen, dass du, Clytus,
nicht einmal ein einziges Mal geboren bist.

Clytus ist ebenso berechnend wie skrupellos. Er fordert wie selbstverständlich Geburtstagsgeschenke ein und nimmt sie mit großer Selbstverständlichkeit in Empfang – und das achtmal im Jahr. Geburtstags-›Pausen‹ legt er jährlich nur in drei oder vier Monaten ein. Die ersten vier Verse beschreiben den Missbrauch, den Clytus betreibt, unmissverständlich und schonungslos. Der Kerl gehört zu den besonders dreisten Geschenkeschnorrern. Die nächsten sieben Verse beschreiben das jugendliche Aussehen des selbstsüchtigen ›Feierbiests‹. Ein hübscher, attraktiver junger Mann ohne Falten, ohne den Anflug von grauen Haaren mit einer ephebenhaft-idealen Figur – so stellt sich sein Äußeres dar. Keine Spur von einem alten Mann zu entdecken – aber für Martial ist einer, der pro Jahr gewissermaßen um acht Jahre älter wird, ein Greis, der selbst die mythischen alten Männer, Nestor und Priamos, die Verkörperungen des Greises schlechthin, an Jahren übertrifft.

Dieses ständige Geburtstagfeiern verstößt gegen Anstand und Maß. Entsprechend zeigt Martial Clytus gewissermaßen die dunkelgelbe Karte, um eine moderne Metapher zu gebrauchen. Mach endlich Schluss damit, denn das ganze »Spiel« ist für deine Freunde ein teures Vergnügen! Das sind *rapinae*, »Raubzüge«, zu Lasten derer, mit denen du dein Spiel treibst! *Ludificare* heißt: jemanden an der Nase herumführen, ihn täuschen und »foppen«, wenn man es freundlich formulieren will. Weniger freundlich formuliert heißt das umgangssprachlich: »Du verarschst uns!« Daher die letzte Warnung: Nur noch ein Geburtstag pro Jahr – oder du bist für mich gar nicht geboren. Im Klartext: Dann bist du für mich gestorben!

Rapinae, »Raubzüge«, wirft Martial dem unverdrossenen Geburtstagfeierer Clytus vor. Auf ein ähnliches *rapere*, »Rauben«, »Ausnehmen«, versteht sich auch eine gewisse Phyllis. Sie lässt sich einiges einfallen, um an Geschenke zu kommen. Die Schwachstelle beim Schenkenden ist hier nicht ein traditioneller Anlass wie Genesung, Geburtstag oder ein Fest, sondern eine Liebesleidenschaft. Ihr ›Lover‹ ist *furens*, geradezu »rasend« verliebt – so wie Ovid das Opfer ähnlicher weiblicher ›Beschenkungsoffensiven‹ *cupidus* nennt (Ovid, *Ars amatoria* I 420): Wer ›scharf‹ auf die Angebetete ist, hat seiner *domina emax*, »kaufwütigen Herrin«, wenig entgegenzusetzen. Auch Martials Phyllis nutzt diese Schwäche ihres Verehrers gnadenlos aus:

Nulla est hora, qua non me, Phylli, furentem
despolies: tanta calliditate rapis.
Nunc plorat speculo fallax ancilla relicto,
gemma vel a digito vel cadit aure lapis;
nunc furtiva lucri fieri bombycina possunt,
profertur Cosmi nunc mihi siccus onyx;
amphora nunc petitur nigri cariosa Falerni,
expiet ut somnos garrula saga tuos.
Nunc ut emam grandemve lupum mullumve bilibrem,
indixit cenam dives amica tibi.
Sit pudor et tandem veri respectus et aequi:
nil tibi, Phylli, nego; nil mihi, Phylli, nega! (XI 49)

Du lässt keine Stunde aus, ohne mich, Phyllis,
der ich verrückt bin nach dir,
auszunehmen: Mit so großer Cleverness raubst
du mich aus.
Mal weint die betrügerische Sklavin über einen
verloren gegangenen Spiegel,
oder ein mit Edelsteinen besetzter Ring fällt dir
vom Finger oder eine Perle vom Ohr;
mal können gestohlene Seidengewänder vorteilhaft
erworben werden,
mal wird mir ein leeres Parfümfläschchen von
Cosmus' teurem Laden entgegengestreckt;
mal will man einen fast schon morschen alten Krug
mit dunklem Falerner haben,
damit eine geschwätzige Wahrsagerin deine Träume
unschädlich werden lässt.
Mal hat sich, damit ich einen riesigen Barsch oder
eine zwei Pfund schwere Meerbarbe kaufe,
eine reiche Freundin bei dir zum Essen angesagt.

Schäm dich und halt dich endlich an das, was recht und billig ist:
Nichts schlage ich dir, Phyllis ab; nichts schlage du, Phyllis, mir ab!

Ein starker Vorwurf steht am Anfang: Martial fühlt sich von Phyllis ausgenommen; gleich zwei Verben – *despoliare* und *rapere* – bringen das sehr drastisch auf den Punkt. In Verbindung mit *nulla hora*, »keine Stunde«, eine fast unerträgliche Situation: Stunde um Stunde fallen Phyllis neue Geschenkideen ein. Ihre *calliditas*, »Cleverness«, besteht auch in ihrem Einfallsreichtum. Der wird in den nächsten acht Versen mit anschaulichen Beispielen illustriert; das (weitgehend) anaphorische *nunc* (»bald ... bald«) als Einleitung zu den Beispielen unterstreicht das gleichsam Stakkatohafte und Pausenlose des auf den ›Liebestollen‹ einprasselnden Hagels von Geschenkewünschen: Die Formulierung »keine Stunde« ist – die erdrückende *nunc*-Häufung ›beweist‹ es – nicht übertrieben!

Phyllis' Wünsche bewegen sich ausnahmslos im oberen Bereich der römischen Konsumwelt. Luxus heißt die einigende Klammer: Schmuck, edle Kleidung, teure Parfüms und Salben, uralter Falerner – das Beste, was Italien an Weinen hervorbringt – und kostspieliger Edelfisch. Begründungen fehlen nicht; sie variieren – auch das ein Ausdruck von Cleverness: Mal ist etwas kaputt, mal verloren gegangen, mal kann man ja ein Schnäppchen nicht vorübergehen lassen, mal ist ein Parfümflakon trocken, d.h. leer – man sieht es fast, wie er Martial mit schmeichlerischem und doch vorwurfsvollem Gesichtsausdruck unter die Nase gehalten wird –, mal braucht eine Wahrsagerin für ihre Expertise ein ordentliches Honorar (Falerner als Naturalie geht schon in Ordnung ...), und mal muss eine anspruchsvolle Freundin standesgemäß bewirtet werden. Entweder ist der Zufall schuld, und es soll nur der alte Zustand wiederhergestellt werden, oder es sind Sachzwänge, die den Geschenkwunsch auslösen: Phyllis versteht es, ihre »Raubzüge« gut zu tarnen und so einleuchtend zu begründen, dass eine abschlägige Antwort fast einer Ohrfeige gleichkommt. »Liebst du mich nicht mehr?« ist die unausgesprochene Frage für den Fall, dass der gerupfte Liebhaber (Ovid spricht von *carpere*, »rupfen«) Nein zu sagen wagt.

Trotzdem: Irgendwann ist das Maß voll, und selbst ein »rasend« Verliebter gebietet der Geschenk-Räuberei abrupt Einhalt. Er erinnert Phyllis an einen guten alten Grundsatz römischer Mentalität. Der hieß *do, ut des*, »ich gebe, damit du gibst«, und betonte die Gegenseitigkeit im Verhältnis der Menschen zueinander. *Beneficia*, »Gefallen«, »Wohltaten«, begründeten nach römischem Verständnis den Anspruch auf *beneficia* der anderen Seite. Dass auch *manus manum lavat*, »eine Hand wäscht die andere«, bis heute als lateinisches Sprichwort-Erbe aus römischer Zeit überlebt hat, dürfte kein Zufall sein. Parallelität bzw. Reziprozität war ›angesagt‹, und sie spiegelt sich im parallelen Aufbau des letzten Verses. Okay, fasst der bisher einseitig als Schenkender in Erscheinung Getretene seine Bilanz zusammen, »ich schlage dir nichts ab, aber das war nicht alles umsonst, ich erwarte eine Gegenleistung, meine liebe Phyllis«. Und die bezieht sich natürlich auf sexuelle Gefälligkeiten.

Leuchtet ein? Leuchtet ein. Womit Martial so ganz nebenbei ›Liebesgeschenke‹ als doch nicht ganz selbstlose Gaben entlarvt. *Furens* mag er sein, romantisch ist er nicht.

Polycharm, Clytus und Phyllis – drei Schnorrer aus der Mittel- und Unterschicht, die eine fragwürdige Karriere als Geschenkejäger machen. Und die den Hals nicht voll kriegen können, so dass auch gutmütige Opfer irgendwann die Reißleine ziehen. Die Mentalität, sich durch – legale – Formen des *rapere*, »Raubens«, zu bereichern, war allerdings keineswegs auf die kleinen Leute beschränkt. *Captare*, nach materiellem Mehr »greifen«, konnte sich auf unterschiedliche Varianten der Ausnutzung und Ausbeutung anderer beziehen – eben auch auf »intensives Angeln« von Geschenken. Als Terminus technicus wird *captare* indes häufig auf Erbschleicherei angewandt: »nach fremdem Eigentum greifen«, »erbschleichen«. Darüber geht das nächste Kapitel. Als Verbindung kann gut ein Zweizeiler dienen, der vermutlich das *captare* des Erbschleichers meint, aber andere wie die gerade behandelten Formen des *captare* nicht ausschließt. Und der soziologisch in einer ganz anderen Liga spielt als die Epigramme über unsere drei ›kleinen Geschenkejäger-Fische‹.

Habet Africanus miliens, tamen captat.
Fortuna multis dat nimis, satis nulli. (XII 10)

Africanus besitzt hundert Millionen, trotzdem ist er
scharf auf ein Mehr aus fremdem Eigentum.
Fortuna gibt vielen zu viel, genug niemandem.

Wie gut, dass wir diese römische Mentalität überwunden haben!

GEGEN ERBSCHLEICHER

Professoren lieben volle Hörsäle. Auch der zur Zeit Neros in Rom lehrende Philosoph Lucius Annaeus Cornutus erfreute sich eines großen Zulaufs zu seinen Vorlesungen. Wenn er allerdings selbst gewusst haben sollte, was ›eingeweihte‹ Kreise munkelten, dürfte sich seine Freude über das ›volle Haus‹ in Grenzen gehalten haben. Das Gerücht besagte, ein großer Teil der Zuhörerschaft komme nur zu seinen Vorträgen, um ihm Beifall zu klatschen und zu schmeicheln – das aber nicht wegen seiner exzellenten Ausführungen, sondern weil er wohlhabend und unverheiratet sei. Mit anderen Worten: In diesem Hörsaal sollen sich hauptsächlich Erbschleicher ein Stelldichein gegeben haben (Aelian, Fragment 83 Harcher).

Ob das stimmt, steht dahin. Nachdenklich macht aber auch ein Einfall des Schriftstellers Petron. Er lebte ebenfalls in neronischer Zeit. In seinem *Satyrica*-Roman entwirft er ein satirisches Bild von der Bürgerschaft der süditalischen Stadt Croton. Sie teile sich in zwei Lager: *aut captantur aut captant,* »entweder sie werden zu Opfern von Erbschleicherei oder sie sind aktive Erbschleicher« (Petron 116,6). Natürlich ist das eine groteske Zuspitzung der gesellschaftlichen Zustände. Aber dass diese Utopie überhaupt denkbar und literarisch vermittelbar war, ist ebenso wie die Anekdote zu Annaeus Cornutus ein starkes Indiz dafür, dass die skrupellose Jagd auf Erbschaften zumal in der ›feinen‹ römischen Gesellschaft weit verbreitet war – dort, wo es überhaupt etwas zu vererben und erben gab.

Auch der Jüngere Plinius stellt missmutig fest, dass »Erbschleicherei (*captatio*) den ergiebigsten Gewinn verspreche«. Selbst wenn man ihm als notorischem Moralapostel einige Übertreibung zugesteht, kann sein Statement doch als ein weiterer glaubwürdiger Beleg gelten, dass eine Legion von Erbschleichern in Rom unterwegs war …

Für Satiriker war dieses ›gesellschaftliche Krebsübel‹ der *captatio* ein gefundenes Fressen. Sie alle griffen dieses Thema auf und geißelten die »Gier« derer, die den Tod ihrer Erblasser nicht abwarten konnten bzw. sich durch Gefälligkeiten, Geschenke, Wohlverhalten und Schmeichelei in Stellung brachten, um im Testament berücksichtigt zu werden (Horaz, *Saturae* II 5,21 ff.; *Epistulae* I 1,27 ff.; Juvenal I 37 ff.; Lukian, *Dialogi mortuorum* 13; vgl. Seneca, *De brevitate vitae* 7,7). Kein Wunder, dass die Erbschleicherei auch zu einem zentralen Thema in den Spottgedichten Martials wurde. Ein Paradebeispiel für menschliche Verschlagenheit und List einerseits und für Schwäche und Naivität andererseits – und damit eine verführerische Möglichkeit, amoralischen Zeitgenossen den Spiegel vorzuhalten und bei Unbeteiligten Heiterkeit, Kopfschütteln und Empörung auszulösen.

Freilich sind das ja häufig auch Verdächtigungen und Unterstellungen, die auf einer kritischen oder sogar böswilligen Interpretation mitmenschlichen und anständigen Verhaltens beruhen. Darf man zu einem älteren kinderlosen Menschen nicht freundlich sein, keine Freundschaft mit ihm schließen, ohne materieller Hintergedanken verdächtigt zu werden? Wie andere Zweifler, Kritiker und scharfe ›Analytiker‹ trug Martial mit seinen Spottepigrammen zur Erbschleicherei auch das Gift falschen Verdachts in die römische Gesellschaft. Indem er einen tatsächlichen Missstand aufspießte, säte er Zweifel an der Echtheit vieler menschlicher Bindungen und leistete dem moralischen Fehlverhalten vielleicht sogar noch Vorschub: Wenn ›alle‹ auf ›Erbraub‹ aus sind, ist es ja ganz ›natürlich‹ und ›rational‹, sich selbst daran zu beteiligen. Siehe Croton.

Natürlich gab es in manchen Fällen deutliche Indizien, dass da jemand auf eine Erbschaft spekulierte – dafür aber auch in Vorlage ging:

Nemo habitat gratis nisi dives et orbus apud te;
nemo domum pluris, Sosibiane, locat. (XI 83)

Keiner wohnt umsonst bei dir, außer er ist reich und kinderlos.
Niemand vermietet sein Haus, Sosibianus, teurer.

Das anaphorische *nemo*, »niemand«, parallelisiert zwei Aussagen, aber es kontrastiert sie insofern auch, als es sich mit unterschiedlichen Rollen und Perspektiven verbindet. Der erste *nemo* ist der Mieter. Er darf ausgerechnet in Rom mit seinem notorisch knappen und teuren Wohnraum umsonst wohnen, und das auch noch, wie der zweite Vers verrät, in einer *domus*. Das entspricht mehr dem deutschen »Palast« als dem einfachen Haus, meint also mindestens eine Stadtvilla. Allerdings gilt für die überraschende Großzügigkeit des Vermieters eine Bedingung: Der Mieter muss reich und kinderlos sein. Eigentlich ja die perfekten Voraussetzungen, um ihm eine hohe Miete abzuknöpfen, möchte man meinen. Für römische Leser ist die Kombination *dives et orbus* allerdings ein klares Signal: Wer so charakterisiert wird, ist ein potentielles Opfer von Erbschleichern.

Der zweite *nemo* ist der Vermieter Sosibianus. Die Ansprache im Vokativ wirkt wie eine Enthüllung oder Bloßstellung: Du bist durchschaut, mein Lieber! Auf der semantischen Oberfläche ein Paradox: Sosibianus nimmt gar keine Miete ein, betreibt aber gleichwohl Mietwucher; teurer kann man eine *domus* nicht vermieten. Der Aufschluss ergibt sich aus der weit verbreiteten Praxis der *captatio*: Sosibianus investiert gewissermaßen in die zu erwartende Dankbarkeit seines Mieters. Der wird ihn in seinem Testament bedenken. Und jetzt kommen die anfangs erwähnten Bedingungen zum Zuge. Der Erblasser ist kinderlos und braucht deshalb keine gesetzliche oder ›moralische‹ Erbfolge zu beachten. Und er ist reich, d. h., er hat etwas zu vererben, und keineswegs wenig. So dass die Rechnung des Erbschleichers aufgeht: Die Wucherzinsen wird er nach dem Tod seines Mieters kassieren.

Deutlich drastischer legt Martial die wahre Absicht eines anderen Erbschleichers offen:

Munera qui tibi dat locupleti, Gaure, senique,
si sapis et sentis, hoc tibi ait: »morere!« (VIII 27)

Geschenke: Wer sie dir gibt, Gaurus, einem reichen
und alten Mann,
wenn du klug bist und noch was mitkriegst,
der sagt dir: »Stirb!«

Aus der für Erbschleicherei günstigen Konstellation ›reich und kinderlos‹ wird hier die nicht minder aussichtsreiche Kombination *locuples senexque*, »reich und alt«. Auch hier klare Signalwörter für römische Rezipienten: Wer alt ist, stirbt bald, und wer reich ist, hat eine Menge zu vererben. Der vom Erbschleicher ausgelegte Köder steht pointiert als erstes Wort: *munera*, »Geschenke«. Die Anfangsstellung spiegelt die Faszination, die von diesem freundlichen Akt auf den Beschenkten ausgeht: Wie nett, denkt Gaurus vielleicht, der, von seinem Geld und seinem Alter gewissermaßen umrahmt und ›beherrscht‹, gar nicht auf die Idee kommt, dass ihm da einer fies nachstellt. Aus dieser Illusion reißt Martial ihn unbarmherzig heraus. Schon der mit einer auffälligen Zisch-Alliteration des »s« aufrüttelnde Appell an seinen Verstand und seinen Instinkt wirkt ziemlich hart, weil das *si*, »falls«, ja auch eine altersbedingte ›Trotteligkeit‹ nahelegt. Und dann kommt es mit der für das letzte Wort aufgesparten Pointe knüppeldick: Was der gar nicht so edle Spender der Geschenke wirklich will, wird mit einem geradezu vernichtenden Imperativ aufgedeckt: »Stirb!« Was das im Klartext heißt, muss Gaurus selbst entschlüsseln – und ebenso der Leser, wenn er denn überhaupt noch etwas mitkriegt …

Das nächste Spottgedicht arbeitet mit demselben Motiv. Dem Opfer werden jetzt gleich drei konstitutive Opfermerkmale attestiert: Es ist kinderlos, reich und alt:

Orbus es et locuples et Bruto consule natus:
esse tibi veras credis amicitias?
Sunt verae, sed quas iuvenis, quas pauper habebas.
Qui novus est, mortem diligit ille tuam. (XI 44)

Kinderlos bist du und reich und geboren,
als Brutus Konsul war:
Glaubst du da, dass es für dich aufrichtige
Freundschaften gibt?
Es gibt echte, aber die hattest du, als du noch jung,
als du noch unvermögend warst.
Wer sich jetzt als neuer Freund einstellt, der liebt
nur deinen Tod.

»Als Brutus Konsul war« – das war im Jahr 509 v. Chr. Der Mensch, den der Dichter warnt, ist mithin uralt. Das Ziel einer verlogenen Freundschaft mit ihm steht deshalb unmittelbar bevor: Die *mors*, der Tod, in Vers 4 ist der eigentliche Gegenstand einer Freundesliebe, die sich erst kürzlich ergeben hat – *novus*, »neu«, grenzt diese taktische Freundschaft deutlich gegenüber echten, aufrichtigen Freundschaften ab. Die waren auf andere Zeiten beschränkt – als der jetzige ›Methusalem‹ noch jung und nicht wohlhabend war.

Mit *pauper*, »unvermögend«, verbindet sich die besondere Glaubwürdigkeit einer freundschaftlichen Bindung, da sie offensichtlich ohne die Berechnung eingegangen wurde, materiell davon zu profitieren. Und bei *iuvenes*, »jungen Leuten«, liegt der Gedanke an Tod und Testament ebenfalls noch fern. Das Präteritum *habebas*, »du hattest«, betont nicht nur die Vergangenheit, sondern auch die Gewohnheit. »Immer wieder« könnte man im Deutschen hinzufügen, um das iterative Element zur Geltung zu bringen, oder auch »lange Zeit über«, um den durativen, dauerhaften Aspekt zu betonen. Das Präsens *est* steht in scharfem Gegensatz dazu, semantisch unterstützt durch *novus*, »neu«. Beide Formulierungen rücken das Freundschaftsgeschehen nahe an eine Zukunft, die auch direkt hinter *novus* und *est* steht: die *mors*, der »Tod«, des »Freundes«. Wodurch sich das Objekt der freundschaftlichen Zuneigung, das *diligere*, vom Freund auf dessen Tod verschiebt. Oder, genauer gesagt, auf dessen Folgen. Die wichtigste davon verbindet sich für den vermeintlichen Freund mit der Charakterisierung des Verblichenen als *locuples*, »reich«. Testamentseröffnung und Erbschaft – wer würde sie in dieser Konstellation nicht als »liebenswert« beurteilen?

Das lyrische Ich des Dichters klinkt sich aus dieser amoralischen Umwelt der Erbschleicherei keineswegs aus. Es weiß sich durchaus ›einzubringen‹:

Nubere Paula cupit nobis, ego ducere Paulam
  nolo: anus est. Vellem, si magis esset anus. (X 8)

Heiraten will Paula mich; ich aber will Paula
  nicht heiraten:
 Sie ist eine alte Frau. Wollen würde ich,
  wenn sie wäre älter.

Ältere Frauen, die sich aktiv um einen Partner bemühen, werden in der antiken Literatur häufig verspottet: Sex im Alter schickt sich nicht, vor allem nicht für Frauen, ist die dahinterstehende Überzeugung. Das lyrische Ich begegnet

Paulas Heiratswünschen denn auch mit schroffer Ablehnung: Das betonte *ego*, »ich«, steht im Gegensatz zu Paula, so dass auch die unterschiedlichen Verben fürs Heiraten – *nubere* und *(in matrimonium) ducere* – in Kontrast zueinander stehen. Die Begründung für diesen Gegensatz wird lakonisch in zwei Wörtern geliefert: *anus est*, »sie ist eine alte Frau«. Nicht sehr schmeichelhaft für Paula, aber nachvollziehbar. Dann aber doch noch ein kleiner Hoffnungsschimmer gegenüber der abrupten Absage: *vellem, si magis* ..., »ich würde wollen, wenn sie mehr ...«. Und jeder ergänzt: »wenn sie mehr jung, also jünger wäre«. Das Verb *esset* zögert die Pointe weiter hinaus. Sie kommt mit dem letzten Wort überraschend: Wäre sie *älter*, dann könnte ich mich mit dem Gedanken anfreunden und auf ihre Avancen eingehen. Die Rezipienten müssen selbst darauf kommen, dass sich dadurch das Kriterium für die Heirat verschoben hat. Es ist nicht mehr die physische Attraktivität der Frau, sondern ihr hohes Alter – und damit ihr baldiger Tod. Paulas Reize liegen in der Erbschaft, die sie hinterlassen wird.

Das Motiv des lukrativen Partnertodes lässt sich natürlich auch auf bestehende Ehen anwenden. So verhält es sich bei einem Ehe-Profi, der auf den schönen sprechenden Namen Phileros hört, »Liebesfreund«:

Septima iam, Phileros, tibi conditur uxor in agro.
Plus nulli, Phileros, quam tibi reddit ager. (X 43)

Schon die siebte Frau, Phileros, wird von dir auf deinem Land begraben.
Niemandem, Phileros, bringt das Land mehr ein als dir.

Für Phileros erweist sich die magische Siebenzahl wahrhaft als Glückszahl, obwohl es zunächst so scheint, als wäre er vom Pech geradezu verfolgt, da ihm gerade die siebte Ehefrau ›weggestorben‹ ist. Er begräbt sie alle auf einem Stück Land, das ihm gehört. Das war in der römischen Antike nicht ungewöhnlich. Von staatlichen Stellen verwaltete Friedhöfe gab es nicht; außerhalb der Stadt durfte man Tote auf eigenem Grund und Boden begraben, sofern kein sakrales Bedenken dagegensprach. Es ist also nichts Auffälliges daran, wenn Phileros seine Ehefrauen auf einem seiner Felder beisetzt – außer der stattlichen Zahl der dort mittlerweile Begrabenen. Das *tibi*, »(von) dir«, haben wir als Dativus auctoris übersetzt, als »Dativ des Handelnden« in einer passivischen Formulierung. Mit Blick auf den zweiten Vers kann man *tibi* allerdings auch als Dativus commodi deuten, als »Dativ des Vorteils«. Dann hieße das »für dich« und wiese Phileros als Nutznießer der siebenmaligen Feld-Bestattung aus.

Im zweiten Vers scheint es um den Ertrag zu gehen, den ein normales Feld abwirft; *reddere* ist der Terminus technicus dafür: *re-dare*, »zurückgeben«, für die vom Bauern aufgewendete Mühe, für das Saatgut und den Dünger. Die Rendite ist bezeichnenderweise ein deutsches Fremdwort, das von *reddere* abgeleitet ist. Wie auch das Lehnwort »Rente«. Damit verbindet sich die Vorstellung, dass für eingezahlte Beiträge und andere Leistungen etwas »zurückgegeben« wird. Was das Feld angeht, so sind es üblicherweise Getreide, Früchte und Gemüse, die es als ›Rendite‹ abwirft. Nicht so bei Phileros. Dessen *ager* ist bedeutend rentabler, weil er die Leichname der Ehefrauen birgt – und dahinter stehen deren Mitgift und Erbe. Das Feld ist nur das Medium des Wertzuwachses, aber ein hoch profitables. Phileros hat eine Nutzung des *ager* entdeckt, die allen anderen Nutzungen haushoch überlegen ist.

Steckt in ihm vielleicht noch mehr als ein Ehemann, der gut von den Erbschaften seiner Verflossenen lebt? Angesichts der ungewöhnlich hohen Zahl bestatteter Ehefrauen liegt der Verdacht nahe, dass Phileros nachgeholfen hat: ein skrupelloser Erbschleicher, der zugleich ein Gattinnenmörder ist? Eine Überinterpretation? Nicht, wenn man die Motivparallele zu anderen Martial-Epigrammen zieht (z. B. IX 15; IV 69) und aus anderen Quellen erfährt, dass eine ›Scheidung‹ mittels Gift in Rom nicht völlig unbekannt gewesen ist …

Indem der Erbschleicher sich mit Geschenken oder Barbeträgen bei seinem potentiellen Opfer lieb Kind machte, ging er durchaus ins Risiko. Es gab ja keine Garantie für ihn, dass die Investition sich tatsächlich rentieren würde – selbst wenn die römische Oberschicht stark auf gegenseitige *beneficia*, »Freundschaftsdienste«, setzte und das Prinzip der Gegenseitigkeit stark in der römischen Mentalität verankert war. Manch ein Erblasser hielt sich jedoch nicht an diese ›Spielregeln‹. Pech gehabt, konnte der enttäuschte Spekulant da nur konstatieren und die Fehlinvestition mehr oder weniger wütend abschreiben. Doch das Ganze hat auch eine gute Seite, tröstet ihn Martial:

Nil tibi legavit Fabius, Bithynice, cui tu
annua, si memini, milia sena dabas.
Plus nulli dedit ille. Queri, Bithynice, noli:
annua legavit milia sena tibi. (IX 8)

Nichts hat dir Fabius vermacht, Bithynicus,
dem du doch
jedes Jahr, wenn ich mich recht entsinne, sechs-
tausend Sesterze geschenkt hast.
Mehr hat er keinem hinterlassen. Hör auf,
Bithynicus, dich zu beklagen:
Pro Jahr hat er dir sechstausend Sesterze vermacht!

Die Enttäuschung steht direkt am Anfang: *nil*, »nichts«. Das ist das bittere Ergebnis von Fabius' Handeln: Er hat Bithynicus nichts hinterlassen. Fabius ist Subjekt, Bithynicus Dativobjekt. Im folgenden Relativsatz kehrt sich das Verhältnis um: Betontes *tu*, »du«, markiert den Subjektwechsel, der beschenkte Fabius tritt nunmehr in den Dativ. Der Gegenstand des Schenkens erscheint jedes Mal als Akkusativobjekt – insoweit eine Parallelität, wie es die römische *beneficium*-›Moral‹ vorsah. Inhaltlich indes wird ein gewaltiger Kontrast deutlich: Dem »nichts« stehen jährliche Geldgeschenke von 6000 Sesterzen gegenüber. Zum Vergleich: Ein römischer Legionär erhielt zur selben Zeit einen Tagessold von ca. 2,5 Sesterzen, jährlich also nicht einmal ein Sechstel der Summe, die Fabius als ›freiwillige‹ Leistung des *captator* bezog.

Unglaublich, unfair, ja unverschämt, was da in den ersten beiden Versen geschildert wird! Jedenfalls vom Standpunkt des Bithynicus aus. Das kann man nachvollziehen, auch wenn man keine Sympathien für Erbschleicher hegt – auch, dass er sich über die ›Undankbarkeit‹ aufregt und sich beklagt. Umso überraschender wirkt Martials brüske Aufforderung, Bithynicus solle mit seinem Lamentieren aufhören, und erst recht die Begründung dafür: Das »Nichts«

des Anfangs wertet Martial zu einer paradoxen Großzügigkeit auf: Keiner hat von Fabius' Tod mehr profitiert als der gekränkte Erbschleicher. Denn der, so erfolgt der Aufschluss im letzten Vers des Epigramms, spart ja jetzt 6000 Sesterze, und zwar jedes Jahr, wie das prononciert vorangestellte *annua* betont. Ein Trost, der mit einer ordentlichen Portion Hohn einhergeht: Man meint fast, ein verstecktes »Ätsch!« des Spötters mitzulesen, der seinen Spaß an der Fehlinvestition des Bithynicus hat. Ein Fass ohne Boden war diese Spekulation nicht. Der Tod des umworbenen Erblassers hat dem ein Ende bereitet und Bithynicus so gesehen tatsächlich einen Gewinn gebracht. Man muss ihn nur anders interpretieren als den eigentlich von ihm erhofften: Kein Verlust mehr ist auch ein Gewinn, und das sogar ›lebenslänglich‹. Wie sehr Bithynicus das als, vulgär ausgedrückt, Verarschung empfinden muss, zeigt die ›Rahmung‹ des Epigramms noch einmal: *nil* als erstes, *tibi* als letztes Wort – »nichts … für dich«.

Ist nur der Erbschleicher an der oft beklagten Verlotterung der Sitten schuld? Da darf man seine Zweifel haben, meint Martial. Denn auch die andere Seite wusste auf der Klaviatur des berechnenden Nehmens und Gebens zu spielen – manche potentiellen Erblasser geradezu virtuos und dreist. So ein ›Opfer‹ des Rufus, das den Spieß geschickt umdreht:

Cum me captares, mittebas munera nobis:
  postquam cepisti, das mihi, Rufe, nihil.
Ut captum teneas, capto quoque munera mitte,
  de cavea fugiat ne male pastus aper. (IX 88)

Als du mich ködern wolltest, schicktest du mir
Geschenke.
Nachdem du mich gefangen hast, gibst du mir,
Rufus, nichts mehr.
Um mich gefangen zu halten, schicke auch dem
Eingefangenen Geschenke,
damit dir ein schlecht gefütterter Eber nicht
aus dem Käfig entweicht.

Erbschleicherei ist ein fortwährender Prozess. Das ist die Message dieses Gedichts. Mit anfänglichem *captare* ist es nicht getan – zumal, wenn der Geköderte das Geschehen richtig interpretiert und gewissermaßen auf den Geschmack gekommen ist. Geschenke gegen Erbschaft – dieser Deal funktioniert bei einem ›aufgeklärten‹ Opfer nur so lange, wie es Nachschub gibt. Man könnte fast von einer Erpressung sprechen. Denn wenn der Geschenkesegen stoppt, geht der umworbene Erblasser von der Fahne – und auch die früheren Investitionen sind dahin. Damit sich das *captari*, »Gefangenwerden«, nicht in ein *fugere*, »Fliehen«, verwandelt, bedarf es einer weiteren ›Fütterung‹: Der – zur Wildheit neigende – Eber ist nur dann eine sichere Beute, wenn er weiter gefüttert, ja geradezu geweidet wird. *Pascere* bezeichnet das, was der Hirt – dauerhaft! – tut: Er »lässt« seine Nutztiere »weiden«. Womit aus dem forschen *captator* ein ziemlich ruhig gestellter *pastor*, »Hirt«, geworden wäre.

Das besonders Unangenehme an Erbschleichern ist ja, dass sie stets auf der Lauer liegen. Sie können es kaum abwarten, ihr Ziel zu erreichen. Und diese Ungeduld ist wenig menschenfreundlich, da sie untrennbar mit dem Tod des Menschen verbunden ist. Mag es auch ehrlich sein, das auszusprechen, so stößt diese Ehrlichkeit die Betroffenen noch zusätzlich vor den Kopf. Das lyrische Ich hält sich mit solchen Skrupeln aber nicht weiter auf.

Nil mihi das vivus, dicis post fata daturum.
 Si non es stultus, scis, Maro, quid cupiam. (XI 67)

Nichts gibst du mir zu deinen Lebzeiten. Du sagst,
 nach deinem Tod werdest du geben.
Wenn du nicht begriffsstutzig bist, weißt du, Maro,
 was ich mir wünsche.

Erbschaftsversprechen sind gewissermaßen die Taube auf dem Dach, Geschenke unter Lebenden dagegen der Spatz in der Hand. *Das vivus*, »du gibst zu deinen Lebzeiten«, ist angesichts des Präsens etwas Reales, Verlässliches – dumm nur, dass es sich mit dem Akkusativobjekt »nichts« verbindet. Dagegen ist die Zukunft – *daturum* ist Infinitiv Futur – ungewiss, ebenso wie vor dem durch den Tod markierten Zeitpunkt (*post fata*) vieles geschehen kann, das nicht zu kontrollieren ist. Zudem ist dieses künftige Geschehen noch an ein *dicere* gebunden. »Sagen kann man viel« ist eine Konnotation, außerdem heißt *dicere* oft genug »behaupten«.

Wie lässt sich die Ungewissheit der Zukunft – *daturum* – am besten abmildern und möglichst nahe an den Indikativ Präsens – *das* – rücken? Der Königsweg dahin ist, das Versprechen schnellstens einzulösen. Damit würde dann auch die durch betontes *nil* zum Ausdruck gebrachte Frustration des Vertröstens verschwinden und der verständliche Wunsch (*cupiam*), das harsche *nil* zu ›überwinden‹, erfüllt. Also, Maro, du weißt, was du zu tun hast: Stirb!

Unser letzter Zweizeiler greift dasselbe Motiv auf, wirkt aber noch schroffer, weil er mit einem provokanten »glaub' ich nicht!« operiert.

Heredem tibi me, Catulle, dicis.
Non credam, nisi legero, Catulle. (XII 73)

Dein Erbe solle ich sein, Catull – sagst du.
Ich werd's nicht glauben, solange ich's nicht lese, Catull.

Im Prinzip sitzt der trickreiche Erblasser auch gegenüber dem noch so verschlagenen Erbschleicher am längeren Hebel: Niemand kann ihn dazu zwingen, jemanden in sein Testament aufzunehmen. Versprechen kann er es vielen und sich damit die ›Gunst‹ und ›Freundschaft‹ von *captatores* sichern. Erneut taucht das *dicere*, »Sagen«, »Behaupten«, auf, das oft das genaue Gegenteil des *facere*, des »Tuns«, ist.

Wie heute stand es auch im alten Rom Erblassern frei, ihr Testament immer wieder umzuschreiben und Erben auszutauschen. Manche haben sich daraus einen Zeitvertreib oder einen Spaß gemacht. Catulls angeblicher Erbe traut den Versprechungen nicht – ein Misstrauen, das grundsätzlich berechtigt ist, wenn man an manche Überraschung bei Testamentseröffnungen denkt. Das offen auszusprechen ist natürlich taktisch äußerst unklug; man verprellt damit den, der einem Gutes tun will. Hier folgt das lyrische Ich gleichwohl dem Motto, lieber einen Freund zu verlieren, als einen Gag zu unterdrücken, und sagt dem Erblasser seine Skepsis schonungslos auf den Kopf zu: Der

Vokativ *Catulle* macht deutlich, dass es sich nicht um ein Selbstgespräch handelt. »Das glaube ich erst, wenn ich's lese« spielt auf die Testamentseröffnung an. Schwarz auf weiß wird das *dicere* des Catull erst dann glaubwürdig, wenn er tot ist. Ein hoher Preis, um seine Glaubwürdigkeit unter Beweis zu stellen. Genauer gesagt: der höchste.

5 GEGEN REICHE

Wer als Patron das Geld und die Macht hatte, hatte nicht nur das Sagen. Er konnte sich auch in seinen Emotionen gehen lassen, brauchte anders als der abhängige kleine Mann keine Rücksicht zu nehmen, sondern konnte auch schon mal, umgangssprachlich formuliert, die Sau rauslassen. Das traf besonders auf die Emotion der *ira* zu, des »Zorns« und »Jähzorns«. So lernt man es im lateinisch-deutschen Vokabelverzeichnis. Tatsächlich meint *ira* aber häufig auch die Wut, das unkontrolliert wütende Aufbrausen als eine Form des Sichgehenlassens. Seneca hat drei Bücher *de ira* verfasst, und die Übersetzung »Über die Wut« ist passender als das verharmlosende »Über den Zorn«. Dass sich gerade die Privilegierten gern und oft Wutausbrüche leisteten, bestätigt Seneca ausdrücklich: »Siehst du nicht, wie umso größere Wut die Leute begleitet, je besser es ihnen geht?« (*De ira* II 21,7) Bestimmte Gefühlseruptionen, die andere einschüchtern, muss man sich leisten können – das erkennt auch Martial:

Irasci tantum felices nostis amici.
   Non belle facitis, sed iuvat hoc: facite! (III 37)

Nur auf eure Wut, da versteht ihr euch,
meine reichen Freunde.
Ihr tut nicht recht daran, aber es nützt euch.
Dann tut es halt!

Eigentlich passt es ja nicht zusammen: Dass ausgerechnet die *felices amici*, die »glücklichen Freunde«, die in materiellem Überfluss leben – so häufig die begründende Konnotation, die sich mit *felix* verbindet –, sich ausgerechnet auf diese Gefühlsausbrüche der Wut so gut verstehen. Die glücklichen Lebensumstände sollten sie doch milder, gütiger stimmen. Dieses scheinbare Paradox nimmt Martial im zweiten Vers auf: Er verurteilt das Verhalten dieser reichen ›Wutbürger‹: Das kolloquiale *non belle facitis* könnte man wirkungsäquivalent mit »das ist nicht okay« wiedergeben – ein indigniertes Kopfschütteln.

Kann man es auch anders sehen? Mit *sed*, »aber«, deutet sich eine unterschiedliche Sicht auf die Dinge an, nämlich die der Reichen. Manche Interpreten setzten den Satz deshalb gleichsam als deren Antwort in Anführungszeichen. Der schnelle Weg zur Wut hat auch einen Vorteil. Er ist Grund zur Freude und nützlich obendrein; in *iuvat* steckt beides. Die Leser werden mit dieser Leerstelle alleingelassen. Sie müssen selbst darauf kommen, wieso die – eigentlich ja schlechte Laune produzierende – Wut dem Wüterich auch Vorteile bringt.

Das abschließende *facite* impliziert die Einsicht darein. »Schon klar!« Und die Indignation wandelt sich in Resignation: Es ist nicht in Ordnung, aber macht es halt so! Die Dinge sind so, sie lassen sich angesichts der gesellschaftlichen Verhältnisse nicht ändern. Der ›Kleine‹ hat nur *eine*

Möglichkeit, dem ›Großen‹ etwas zu befehlen – *facite* ist ein Imperativ: indem er ihn auffordert, das zu tun, was er ohnehin tut.

Antike Leser konnten die Leerstelle aufgrund ihrer Lebenserfahrung rasch füllen. Modernen Lesern hilft ein thematisch verwandtes Epigramm auf die Sprünge:

Genus, Aucte, lucri divites habent iram:
odisse quam donare vilius constat. (XII 13)

Als Mittel, um Profit zu machen, Auctus, sehen Reiche die Wut an.
Für sie kommt es billiger zu hassen als zu schenken.

Das Fremdwort »lukrativ« bedeutet »gewinnbringend«. Es ist abgeleitet vom lateinischen *lucrum*, »Gewinn«, »Vorteil«, einem weitgehend positiv besetzten Begriff, wie auch zwei offenherzige Inschriften aus Pompeji zeigen: *Salve, lucru(m)* liest man auf der Schwelle zu einem Haus, »willkommen, Gewinn«; und im Atrium eines zweiten Hauses findet sich die in ihrer Schlichtheit überzeugende Formel *lucrum gaudium*, »Gewinn (macht) Freude« (CIL X 874 und 875).

Wenn es um die verschiedenen Arten geht, Gewinn zu erzielen, denkt man meist an Einkommensquellen, die den Profitbestand vermehren. Martial zeigt uns ein anderes *genus*, eine weitere Methode, Profit zu machen. Allerdings ist sie begrenzt auf *divites*, ohnehin schon reiche Leute. Auf den ersten Blick überraschend, dass *ira*, »Wut«, ihnen als ein profitabler Weg gilt. Der zweite Vers liefert den Aufschluss. In der römischen Gesellschaftsordnung erwartete man von reichen Leuten, dass sie von ihrem Wohlstand etwas abgaben. Zum einen sollten sie als Euergeten, »Sponsoren«, für ihre Heimatstadt in Erscheinung treten, öffentliche Gebäude, Tempel und Straßen stiften oder mindestens deren Reparatur übernehmen. Als Dank dafür erhielten sie prestigefördernde Stifterinschriften. Zum anderen fungierten sie als *patroni* und griffen ihren Klienten mit Geschenken und Einladungen unter die Arme. Diese Unterstützung wurde als *donare*, »(be)schenken«, bezeichnet. Die Klienten revanchierten sich mit Wohlverhalten. Verärgerten sie indes den ›edlen‹ Spender, so kürzte der seine Zuwendungen oder stellte sie ganz ein. Das *do, ut des*-Prinzip – »ich gebe, damit du gibst« – prägte die gesellschaftlichen Beziehungen im antiken Rom stark, übrigens auch das Verhältnis der Menschen zu ihren Göttern. Es musste sozusagen stets die Balance stimmen. Klienten, die sich den Unmut ihres Patrons zuzogen, brauchten sich daher nicht zu wundern, wenn dessen Ärger oder Wut im Wegfallen der Geschenke resultierte – zumal es auf solche Almosen keinen Rechtsanspruch gab.

Mit ›Hass‹ auf die Klienten konnte der Reiche daher eine Menge Geld sparen – eine Variante des ›Gewinns‹, die in der Vermeidung von Verlust bestand. Und das Schöne daran war, dass es ganz ins Belieben der Reichen gestellt war, wie sie ihre Emotionen ›auskosteten‹ und damit gleichsam Kasse machten. Da musste wohl nicht ganz so selten ein künstlicher Wutausbruch, eine gespielte Empörung für einen Einsparwunsch herhalten: Hassen ist seliger denn geben, könnte man ein biblisches Wort abwandeln. Zum äußerlich wutverzerrten Gesicht kontrastiert dann ein ganz anderes inneres Gefühl: *lucrum gaudium*, »Gewinn macht Spaß«.

Reiche Römer standen in einem scharfen Distinktionswettkampf zueinander. Zeigen, was man hatte, war in diesen Kreisen eine Selbstverständlichkeit, um in den Augen der Standesgenossen bestehen zu können. Daran änderte auch der intensive Diskurs über *luxuria* nichts. Moralisierende Luxuskritik kam stets aus luxuriösem Ambiente. *Wie* man seinen Wohlstand zur Schau stellte, war natürlich auch eine Geschmacksfrage. Die Grenzen des guten Geschmacks waren nicht nur aus der Sicht von Luxuskritikern überschritten, wenn die *matellae* zu Repräsentationsobjekten wurden: Nachttöpfe. Sie gehörten zu jedem Haushalt und waren gewöhnlich aus Ton gearbeitet. Aber manche Zeitgenossen widerstanden der Versuchung nicht, sich *matellae* aus edlen Materialien zuzulegen: aus Bronze, Silber oder sogar aus Gold. So auch Bassus, der Protagonist des folgenden Zweizeilers:

Ventris onus misero, nec te pudet, excipis auro,
Basse, bibis vitro: carius ergo cacas. (I 37)

Die Last deines Bauches fängst du in einem
bemitleidenswerten Topf aus Gold auf;
und du schämst dich nicht dafür,
Bassus. Trinken tust du aus Glasbechern.
Teurer also kackst du.

Das Thema wird mit einem Euphemismus eingeleitet. Die »Last des Bauches« am Anfang passt zum Edelmetall *aurum*, »Gold«, am Ende des Verses. Allerdings deutet *misero*, »bemitleidenswert«, schon an, dass dem edlen Stoff übel mitgespielt wird. Das sieht sein Besitzer indes ganz anders. Er schämt sich nicht, vor den Augen anderer zu defäkieren. Diese Situation ist wohl mitzudenken, denn ohne ›Mitwisser‹ kann sich der Repräsentationseffekt des goldenen Pisspotts nicht entfalten. *Luxuria scaenam desiderat*, sagt Seneca, »Luxus verlangt nach einer Bühne« (*Epistulae morales* 94,71).

Die Vokativ-Anrede *Basse* trennt den ersten vom zweiten Vers. Danach kommt eine überraschende Mitteilung: Die Trinkbecher des Bassus sind aus Glas – ob aus einfachem oder kunstvoll gearbeitetem, bleibt offen. Trotzdem: »Glas« passt in dieser unspezifischen Formulierung nicht recht in den vorgegebenen Rahmen. Aus ›Paritätsgründen‹ müsste Bassus aus *vasa murrina* trinken, den sündhaft teuren Flussspatgläsern, die in diesem Luxussegment gewissermaßen der Goldstandard waren – oder zumindest aus mit Edelsteinen verzierten oder goldenen Bechern (Martial IV 85,1; XI 11,5).

Zum goldenen Pisspott des ersten Verses ergibt sich demnach (*ergo*) ein deutlicher Unterschied. Ein Vergleich zwischen nicht adäquaten Dingen verlangt nach einem Komparativ. Das ist *carius*, »teurer«. Die Schlussfolgerung ergibt sich zwangsläufig: Das Entleeren des Körpers kommt Bassus teurer zu stehen als seine ›Beladung‹. Und weil die verschiedenen Segmente seines Luxuslebens nicht recht zusammenpassen, muss auch der Beobachter Martial diese Diskrepanz mit einem Kontrapunkt pointiert zuspitzen. Angesichts der wenig edlen Glas-Umgebung des zweiten Verses läuft das Epigramm in einem derben, *sehr* umgangssprachlichen *cacas* aus. Von wegen »Last des Bauches« – jetzt wird Klartext gesprochen. Gewissermaßen so klar wie Glas: Bassus' Kacken geht hinsichtlich der Hilfsmittel deutlich mehr ins Geld als sein Trinken.

Mag sein, dass Martial hier die fast abartige Instrumentalisierung des Nachttopfes und seine Aufwertung zum Statussymbol kritisieren will, mag sein, dass er ›nur‹ – oder zusätzlich – die Inkonsequenz und mangelnde luxuriöse ›Geradlinigkeit‹ des Bassus aufs Korn nimmt: Die Feststellung des ersten Verses, dass Bassus sich nicht schäme, wird im zweiten Vers zu einer unausgesprochenen Aufforderung: Schäm dich, Bassus!

Was aber machte ein reicher Römer mit seinem Reichtum, wenn sich sein Leben dem Ende zuneigte und er keine Lust hatte, sein Vermögen zu vererben? Für manch einen hieß die Antwort darauf: Man verprasst alles. Das kann allerdings böse ins Auge gehen, warnt Martial.

Dixerat astrologus periturum te cito, Munna,
  nec, puto, mentitus dixerat ille tibi.
Nam tu dum metuis, ne quid post fata relinquas,
  hausisti patrias luxuriosus opes
bisque tuum deciens non toto tabuit anno:
  dic mihi, non hoc est, Munna: perire cito? (IX 82)

Ein Astrologe hatte dir prophezeit, du würdest bald zugrunde gehen, Munna.
  Und er hatte, glaube ich, dich nicht angelogen.
Denn indem du befürchtetest, du könntest nach dem Tod etwas hinterlassen,
  hast du dein vom Vater ererbtes Vermögen in verschwenderischer Weise verprasst,
und deine zwei Millionen schmolzen in weniger als einem Jahr dahin.
  Sag mir, Munna: Heißt das nicht, bald zugrunde zu gehen?

Der Gang zum Astrologen war in allen Schichten der römischen Bevölkerung weit verbreitet, von den kleinen Leuten, die die divinatorischen Billiganbieter mit wenig gutem Ruf, die *astrologi de circo* (Cicero, *De divinatione* I 132; vgl. Horaz, *Saturae* II 6,113) aufsuchten, bis zu manchen Kaisern wie Augustus, Tiberius und Nero, die sich von Spitzen-»Chaldäern« regelmäßig Horoskope stellen ließen. Wenn auch gut situierte Bürger die Expertise professioneller Zukunftsdeuter suchten, so wirft das ein bezeichnendes Schlaglicht darauf, dass das Leben in der Antike viel weniger planbar war, als es heute in den westlichen Ländern der Fall ist. Insofern ist es eine ganz realistische Ausgangssituation, die Munna zu einer radikalen Veränderung seines Lebens veranlasst: *Cito periturus es*, es dauert nicht mehr lange, und du bist am Ende, lautet die Botschaft des konsultierten Astrologen. Und Martial bestätigt, dass der Zukunftsdeuter seiner Meinung nach ganz richtig gelegen habe – womit er auch seine Leser sozusagen in Sicherheit wiegt, dass es für Munna an der Zeit ist, rasch zu handeln.

Wozu also noch sparen? Denn Munna will dezidiert nichts hinterlassen. Die Vorstellung, dass er nicht alles rechtzeitig ausgibt, ist ihm geradezu ein Horror; *tu metuis*, »du fürchtest das«, wobei das betonte *tu*, »du«, vielleicht schon ein kleiner Hinweis darauf ist, dass hier eine fehleranfällige subjektive Schlussfolgerung Munnas aus der ›objektiven‹, von Martial bestätigten Vorhersage vorliegt.

Munnas Obsession, bloß nichts für die lachenden Erben übrig zu lassen, führt zu einer praktischen Konsequenz: Er stürzt sich in die für ihn neue Welt eines Hallodris, der das Geld ohne Rücksicht auf ein Morgen mit vollen Händen ausgibt – denn dieses Morgen gibt es ja für ihn nicht, will er von dem Wahrsager gehört haben. Er wird zum *luxuriosus*.

Adjektive auf *-osus* drücken stets eine Fülle, oft ein Übermaß aus. »Voll von Verschwendungssucht« schafft er es, ein lange zusammengehaltenes Vermögen in nicht einmal einem Jahr durchzubringen. *Patrias (opes)* und *luxuriosus* treffen als Gegensätze hart aufeinander. Das in der römischen Oberschicht propagierte Ideal bestand darin, ein von den Vätern ererbtes Familienvermögen nach Möglichkeit zu mehren und weiterzugeben. Wer das nicht tat, galt als Luftikus, als egoistischer Prasser und Verschwender, der sich um den *mos maiorum*, die »Sitte der Väter«, nicht scherte. Ein *luxuriosus* eben, der sich in einem übertriebenen, rücksichtslosen Konsum gehen ließ.

›Mission accomplished‹, könnte man ironisch feststellen. Denn Munna hat ja erreicht, was er wollte: Es ist nichts übrig. Allerdings galt das unter der Bedingung *post fata*, »nach seinem Tod«. Sein ›Problem‹ ist indes: Er lebt noch, ist aber bankrott. Und nun? Nicht ohne Häme erinnert Martial den sozusagen mutwilligen Bankrotteur daran, dass Zukunftsdeuter ihre Vorhersagen häufig unbestimmt oder doppeldeutig formulieren – als Hintertürchen, um ihre Verlässlichkeit und Glaubwürdigkeit nicht zu gefährden. *Perire* heißt nicht nur »zugrunde gehen«, »sterben«, sondern kann auch heißen »finanziellen Ruin erleiden«, »bankrottgehen«. Oder allgemeiner: »verloren sein«. *Perii*, »ich bin am Ende«, »ich bin verloren«, war ein viel gebrauchter Ausdruck, um tatsächliche oder gespielte Verzweiflung zum Ausdruck zu bringen.

In diesem Sinn ist Munna jetzt tatsächlich am Ende. Martial hat es ganz richtig eingeschätzt: Der Astrologe hatte nicht gelogen. Reichtum war nicht immer nur ein Segen. Wer dessen erblichen Übergang niemandem gönnte, sollte nicht alles auf eine einzige ›Exit-Strategie‹ setzen.

6 GEGEN GEIZHÄLSE

Sich unter Freunden Geld zu borgen war üblich. Aber natürlich borgte das Risiko immer mit. Und so ließen sich Geizhälse eine Menge Tricks einfallen, um lästige Bittsteller abzuwimmeln oder sie gar nicht erst mit finanziellen Bitten an sich herankommen zu lassen. Der präventive Klassiker war der Eigenbedarf. Gellius hatte eine gute Ausrede, warum er selbst leider zu knapp bei Kasse sei, um Geld zu verleihen. Mit den ersten drei Worten des Epigramms ist alles schon gesagt:

Gellius aedificat semper: modo limina ponit,
    nunc foribus claves aptat emitque seras,
nunc has, nunc illas reficit mutatque fenestras:
    dum tantum aedificet, quidlibet ille facit,
oranti nummos ut dicere possit amico
    unum illud verbum Gellius »aedifico«. (IX 46)

Gellius baut immer. Mal legt er Schwellen,
    mal passt er Schließsysteme in Türen ein
            und kauft Riegel,

bald repariert und tauscht er diese Fenster aus,
bald jene;
wenn er nur bauen kann, packt er alles Mögliche an,
damit Gellius dem Freund, der ihn um Geld bittet,
sagen kann
dieses eine Wort: »Ich baue gerade.«

Das zentrale Thema des Epigramms ist das Bauen; Verbformen von *aedificare*, »bauen«, kommen gleich dreimal vor – in Gestalt einer Ringkomposition im ersten und im letzten Vers sowie in Vers 4. Zum Wortfeld »bauen« gehören aber weitere Ausdrücke: Die Sicherung der Türen durch Schlösser und Riegel in Vers 2, die Reparatur und der Austausch von Fenstern in Vers 3 und ein unspezifisches *facere*, »tun«, das aber durch das unmittelbar vorangehende *aedificet* auf das Bauen eingeschränkt wird. Innerhalb dieses Bereichs allerdings gibt es keine Einschränkung: *Quidlibet*, »alles Beliebige«, kommt infrage – solange es nur mit Bauen zu tun hat.

Dabei ist Gellius eigentlich gar nicht der Do-it-yourself-Typ und passionierte Handwerker. Mit seinem ständigen Bauen verbindet er eine ganz andere Absicht: sich in Sicherheit zu bringen vor mehr oder minder aufdringlichem ›Anpumpen‹ bzw. vor unangenehmen, den Bittsteller möglicherweise verletzenden Begründungen für eine Absage. Denn das weiß auch heute noch jeder: Wer gerade baut, muss sein Geld zusammenhalten. Er braucht es selbst, so dass ein einziges *aedifico*, »ich baue!«, ein einsichtiger Grund dafür ist, dass man kein Geld verleihen kann. Im Fall des Gellius ist das allerdings eine deutlich erkennbare Ausrede: Sein Herumwerkeln am offenkundig weitgehend fertigen Haus steht nicht gerade für hohe Investitionen, und mit dem *ut* in Vers 5 entlarvt Martial ihn. Man kann es als finales »damit« verstehen – das macht das *aedifcare* geradewegs zu einem von Gellius gesuchten Ausweg, der ihn freilich selbst belastet, weil er sein Leben auf Bauideen reduziert. *Ut* lässt sich auch als konsekutives »so dass« verstehen. Dann läge der Bauwut des Gellius nicht eine ganz andere Absicht zugrunde, sondern sie verbände sich für ihn mit einer Art – ihm sehr angenehmem – ›windfall profit‹. Daraus könnte man ein innovatives, überraschendes Motto gewinnen: Baue und spare!

Eine ähnliche präventive Strategie verfolgt Sextus:

Emi seu puerum togamve pexam
seu tres, ut puta, quattuorve libras,
Sextus protinus ille faenerator,
quem nostis veterem meum sodalem,
ne quid forte petam, timet cavetque
et secum, sed ut audiam, susurrat:
»Septem milia debeo Secundo,
Phoebo quattuor, undecim Phileto,
et quadrans mihi nullus est in arca.«
O grande ingenium mei sodalis!
Durum est, Sexte, negare, cum rogaris,
quanto durius, antequam rogeris! (II 44)

Ich habe mir einen Sklaven gekauft oder eine Toga
aus frisch gekämmter Wolle
oder Silbergeschirr, drei, vielleicht auch vier Pfund
schwer.
Sofort reagiert Sextus darauf, der berüchtigte Wucherer,
den ihr als meinen alten Kumpel kennt.

Dass ich ihn vielleicht um etwas bitte, fürchtet er,
und er trifft Vorsorge
und murmelt vor sich hin, aber so, dass ich es höre:
»Siebentausend schulde ich dem Secundus,
viertausend dem Phoebus, elftausend dem Philetus,
und kein einziger Cent ist in meiner Geldtruhe.«
Welch ein großartiger Einfall meines Kumpels!
Schroff ist es, Sextus, etwas abzuschlagen,
wenn du gebeten wirst,
um wie viel schroffer noch, bevor du gebeten wirst!

Sextus verdient seinen Lebensunterhalt als *faenerator*, »Geldverleiher« oder »Wucherer«. Die Grenzen zwischen Zinsen und Wucherzinsen waren wohl fließend. Mit *faenus* wurde beides bezeichnet, und es hing sicher auch vom subjektiven Empfinden des Schuldners ab, wie er den von ihm verlangten Zinssatz beurteilte. In der frühen Kaiserzeit lag der Zinssatz zwischen 4 und 12 %, wobei 12 % vermutlich die Grenze zu illegalem Wucherzins darstellte. Zinsen waren in Rom zu jedem Monatsersten fällig, 1 % pro Monat lag damit aufgrund des Zinseszinseffekts nach heutigen Maßstäben schon über 12 %. Der Protagonist des Epigramms wird ausdrücklich als *faenerator* bezeichnet. Zumindest Cicero versteht darunter einen »Wucherer, der im Volk verhasst war« (Cicero, *De officiis* I 150). Jedenfalls ist er ein Kapitalist, der bei seinen Darlehensnehmern ordentlich zulangt. Doch bei Martial – oder besser: dem dichterischen Ich – hat er Beißhemmungen; denn die beiden sind »alte Kumpel«. Um dem Freund nicht ein zinsloses Darlehen zur Verfügung zu stellen, setzt Sextus vorbeugend auf eine Abschreckungsmasche. Denn dessen – moderater – Luxuskauf löst bei ihm fast eine Panik aus; *protinus*, »sofort«, weist auf seine spontane Reaktion. Braucht der jetzt finanzielle Hilfe von mir? Wird der mich um ein günstiges oder sogar ein Nullzins-Darlehen angehen? Also geht Sextus in die Offensive. Der Gläubiger mutiert zum Schuldner und rechnet sich arm: Nicht ein einziger Quadrans in der Geldtruhe (die stand im Atrium vornehmer Häuser)! Mit dem Wert eines Viertel As war der Quadrans die kleinste römische Münze. Und dazu noch über 22 000 Sesterze Schulden! Der Subtext des hörbar gemurmelten Gestöhnes ist klar: Bei mir gibt es nichts zu holen, lieber Freund. Komm gar nicht erst auf den Gedanken, mich anzupumpen!

Allerdings durchschaut Martial den Trick: Das *grande ingenium*, das er in Vers 10 preist, der »großartige Einfallsreichtum«, wird zum moralischen Showdown. Das Ausweichmanöver, mit dem Sextus es vermeidet, dem Freund etwas von Angesicht zu Angesicht abzuschlagen, wird als *durius* entlarvt, als »noch schroffer«, dreister und derber. Damit wird das ›harte‹ Verhalten des Senders auf die Bewertung durch den Empfänger verlagert. Das Adjektiv *durus* meint eben nicht nur »hart«, sondern auch die Beurteilung der Härte durch andere: »hart« und »hartherzig«.

Im folgenden Gedicht liegt eine andere Konstellation vor. Da scheinen anfangs die Rollen vertauscht: Phoebus drängt geradezu darauf, dem dichterischen Ich Martials einen finanziellen Gefallen tun zu können. Als der dann das Angebot annimmt, erlebt er eine unangenehme Überraschung:

Mutua te centum sestertia, Phoebe, rogavi,
cum mihi dixisses »exigis ergo nihil?«.
Inquiris, dubitas, cunctaris meque diebus
teque decem crucias. Iam rogo, Phoebe: nega! (VI 20)

Ich habe dich gebeten, mir hunderttausend Sesterze
zu leihen, Phoebus,
nachdem du zu mir gesagt hattest: »Also sonst
willst du gar nichts von mir?«
Du prüfst, du zögerst, du zauderst und marterst mich
und dich schon zehn Tage lang. Schon bitte ich dich,
Phoebus: Sag einfach nein!

»Wie muss man eine Wohltat erweisen?«, fragt Seneca und gibt selbst die Antwort: »Vor allem gern, schnell, ohne irgendein Zögern.« Warum? »Unwillkommen ist eine Wohltat, die lange Zeit in den Händen des Gebenden festgesteckt hat, weil da einer ungern loszulassen und sie so zu erweisen schien, als entrisse er sie sich selbst« (Seneca, *De beneficiis* II 1). Wenn das zutrifft, ist Phoebus' Verhalten umso demütigender für den Bittsteller, als er ihn selbst dazu eingeladen hat, seine Großzügigkeit zu erproben. In diesem ersten Stadium war er der Drängende, und der andere war der Zögerliche. *Cum* hat nicht nur temporale Bedeutung (»nachdem«), sondern zugleich eine kausale Färbung (»da«), so dass die Bitte um ein Darlehen fast mit dem Drängen des anderen begründet wird.

Dann aber drehen sich die Rollen um. Phoebus wird zum Bedenkenträger; sein Abwägen wird mit vier Verbformen beschrieben, am eindringlichsten schließlich mit einem anschaulichen *cruciare*, »ans Kreuz (*crux*) schlagen« und damit »auf die Folter spannen«, »grausam quälen«. Wobei sich diese Marter nicht nur auf den wartenden Bittsteller, sondern auch auf Phoebus selbst bezieht. Beide leiden unter seiner Entscheidungsschwäche, und am Ende ist es der andere, der die Spannung nicht mehr aushält und beide erlöst. Die Pointe entwickelt sich dabei wider die Erwartung. Von der Rollenverteilung würde man nach einem *iam rogo*, »jetzt bitte ich dich«, ein »endlich ja zu sagen« erwarten. Der eingeschobene Vokativ *Phoebe* zögert die Pointe noch einmal hinaus. *Nega* als letztes Wort löst den Spannungsbogen auf überraschende Weise und gibt dem *iam* gewissermaßen rückwirkend die Bedeutung eines resignativ-adversativen »schon«. Sag endlich nein! Das ist besser als die quälende Hängepartie.

Meister einer anderen Geiz-Taktik ist Baccara. Er hat es im geflissentlichen Überhören von Hilferufen zu einer gewissen Virtuosität gebracht.

»Si quid opus fuerit, scis me non esse rogandum«
    uno bis dicis, Baccara, terque die.
Appellat rigida tristis me voce Secundus:
    audis et nescis, Baccara, quid sit opus.
Pensio te coram petitur clareque palamque:
    audis et nescis, Baccara, quid sit opus.
Esse queror gelidasque mihi tritasque lacernas:
    audis et nescis, Baccara, quid sit opus.
Hoc opus est, subito fias ut sidere mutus,
    dicere ne possis, Baccara, »si quid opus«. (VII 92)

»Solltest du etwas brauchen, dann weißt du,
dass man mich nicht bitten muss.«
Das sagst du an einem einzigen Tag, Baccara,
zwei- und dreimal.
Mit strenger Stimme mahnt der mürrische Secundus
eine Zahlung von mir an:
Du hörst es und weißt nicht, Baccara, was ich brauche.
Meine Miete wird laut und deutlich in deiner
Gegenwart eingefordert;
Du hörst es und weißt nicht, Baccara, was ich
brauche.
Ich klage darüber, dass meine Mäntel eiskalt und
abgewetzt sind:
Du hörst es und weißt nicht, Baccara, was ich
brauche.
Das brauche ich jetzt, dass du, wie vom Blitz getroffen,
plötzlich verstummst,
damit du nicht mehr sagen kannst, Baccara:
»wenn du was brauchst«.

Baccara gibt sich betont großherzig. Er bietet seine finanzielle Hilfe an, ohne dass man ihn groß darum bitten muss. Und dieses Angebot wiederholt er zwei-, dreimal am Tag. So weit die in zwei Versen skizzierte Theorie der Großzügigkeit. Die nächsten sechs Verse schildern die Praxis an drei alltäglichen Beispielen: Da will einer auf sehr unangenehme Weise – *rigida voce* und *tristis* – Geld haben, vielleicht Zinsen für ein Darlehen, vielleicht für eine offene Rechnung. Da fordert der Hauseigentümer unmissverständlich die – in Rom notorisch hohe – Miete ein: *clare* und *palam*, dass man es nicht überhören kann. Und da klagt das dichterische Ich über seine schäbigen Mäntel, die gegen die Winterkälte nicht ankommen. Und Baccara? Der steht jedes Mal dabei, aber der Gedanke, zu helfen, kommt ihm nicht – obwohl er das akustisch alles mitkriegt. *Audis*, »du hörst«, nimmt das stets laute Sprechen der anderen Seite auf: *Appellare* ist ein kräftiges »Anhauen«, *clare palamque* machen deutlich, dass die Miete keineswegs diskret, sondern geradezu öffentlich eingefordert wird, und *queri*, »sich beklagen«, verbindet sich auch nicht gerade mit leisen Tönen.

Trotzdem: Baccara stellt seine Ohren gleichsam auf Durchzug. Das Habituelle – und angesichts seiner zuvor ›proaktiv‹ verkündeten Hilfsbereitschaft Dreiste – dieses Ignorierens kommt in der dreimaligen sprachlich identischen Beschreibung seiner Reaktion – oder besser: Nicht-Reaktion – zum Ausdruck. Da bleibt einer stur, und diese Sturheit wird sprachlich genauso stur festgestellt.

Drei Beispiele reichen aus, um Baccaras Masche deutlich werden zu lassen. Man kann sich leicht weitere Situationen vorstellen, in denen Baccara ähnlich reflexhaft reagiert. So dass sich in dem zunehmend erbitterten ›Freund‹ Wut Bahn bricht und er jetzt tatsächlich seinen ›Bedarf‹ anmeldet: Der Blitz oder der Schlag soll diesen verdammten Geizkragen treffen, damit er auf der Stelle wenigstens sein verlogenes verbales Scheinangebot einstellt. *Si quid opus* – diese so häufig gehörte, nervige Baccara-Phrase hallt dem gesamten Epigramm gewissermaßen nach: »Wenn du was brauchst …«.

Was, wenn der um ein Darlehen gebetene ›Freund‹ mit spitzem Bleistift rechnet und nur – bzw., mit Baccara verglichen: immerhin – die Hälfte der beantragten Summe bereitstellt? Dagegen sollte sich der Schuldner mit einem einfachen Trick wehren, empfiehlt Martial:

Milia misisti mihi sex bis sena petenti.
Ut bis sena feram, bis duodena petam. (IV 76)

Sechstausend hast du mir geschickt, als ich dich
um zwölftausend bat.
Um die zwölftausend zu kriegen, werde ich
demnächst um vierundzwanzigtausend bitten.

Um eine an bestimmten Kriterien festgemachte Kreditwürdigkeit geht es bei diesem Darlehen offenbar nicht, sondern um ein *beneficium*, einen »Gefallen« unter Freunden. Der angepumpte ›Kumpel‹ hat sich allerdings nicht als besonders spendabel erwiesen. Er hat die erbetene Darlehenssumme auf die Hälfte gekürzt – wie es scheint, ohne Begründung, mithin ziemlich arbiträr. »Schnall den Gürtel mal enger« war wohl die nicht ausgesprochene Botschaft der mit *misisti*, »du hast geschickt«, skizzierten Reaktion. Eine Kürzung, die der enttäuschte Bittsteller taktisch leicht unterlaufen kann. Auch wenn er demnächst nur 12 000 Sesterze braucht, bittet er um das Doppelte – und rechnet sich aufgrund seiner früheren ›Kürzungserfahrung‹ aus, dass er dadurch genau die benötigte Summe von 12 000 erhält. Sicherlich clever, aber ethisch durchaus ein Problem. Darf ich die Unwahrheit sagen, um die taktische Sparsamkeit eines Darlehensgebers zu konterkarieren? Ist das eine moralisch legitime Notwehr?

Zu einer echten Freundschaft gehört es nach Martials Auffassung, dem anderen finanziell aus der Patsche zu helfen und ihn bei einem deutlichen Wohlstandsgefälle auch schon einmal durch Geschenke am eigenen Reichtum teilhaben zu lassen. Das sah freilich nicht jeder so – selbst wenn er wie Crispus Wert darauf legte, sich von niemandem in der Freundschaft zu Martial überbieten zu lassen.

Cedere de nostris nulli te dicis amicis.
Sed, sit ut hoc verum, quid, rogo, Crispe, facis?
Mutua cum peterem sestertia quinque, negasti,
non caperet nummos cum gravis arca tuos.
Quando fabae nobis modium farrisve dedisti,
cum tua Niliacus rura colonus aret?
Quando brevis gelidae missa est toga tempore brumae?
Argenti venit quando selibra mihi?
Nil aliud video, quo te credamus amicum,
quam quod me coram pedere, Crispe, soles. (X 15)

Hinter keinem meiner Freunde stündest du zurück, behauptest du.
Aber was, bitte, tust du, Crispus, damit das auch zutrifft?
Als ich dich um ein Darlehen von fünftausend Sesterzen bat, hast du nein gesagt,
obwohl deine schwer beladene Geldtruhe gar nicht alle deine Münzen fasst.
Wann hast du mir auch nur einen Scheffel Bohnen oder Getreide geschenkt,
obwohl ein Pächter am Nil deine Ländereien bestellt?
Wann ist auch nur eine kurze Toga zur eisigen Winterszeit von dir geschickt worden?
Wann kam auch nur ein halbes Pfund Silber bei mir an?

Ich sehe nichts anderes, an dem ich in dir den Freund
erkennen könnte,
als dass du in meiner Gegenwart, Crispus,
zu furzen pflegst.

Für materielle Freundschaftsdienste ist Crispus nicht zu haben. Er schickt keine Geschenke, obwohl das zu einer Freundschaft gehörte (und erst recht, wenn man ihn als Patron und Martial als Klienten interpretieren will). Als der finanziell Stärkere hatte er da eine besondere Bringschuld, zumal, abgesehen von ein paar Stücken Tafelsilber, keine Luxusgegenstände erwartet wurden. Und die Bitte um ein Darlehen schlägt er glatt ab. Dabei quillt seine Geldtruhe geradezu über. Crispus' Beteuerung, kein schlechterer Freund zu sein als andere, erweist sich als hohl. Er ist schlicht zu geizig, um einem Freund etwas von seinem Reichtum abzugeben.

Aber gibt es daneben nicht andere Indizien, die auf eine Freundschaft schließen lassen? Intimität beispielsweise? Martial überlegt, und er wird fündig. Was man in ›guter‹ Gesellschaft nicht tut und was gegen normale Benimmregeln verstößt, wird unter ›Kumpeln‹ schon mal lockerer gesehen. Und richtig! Darin erweist sich Crispus als Freund, dass er sich in Martials Gegenwart ordentlich gehenlässt, und zwar regelmäßig, wie das letzte Wort *soles*, »du pflegst«, deutlich macht. Auf diese Art kumpelhaft-herablassender ›Geselligkeit‹ kann der zum Furz-›Empfänger‹ degradierte »Freund« gut verzichten.

7

GEGEN NEIDHAMMEL

Invidia, »Neid«, »Missgunst« – das war in der Konkurrenzgesellschaft der römischen Oberschicht kein Fremdwort. Wo man darin wetteiferte, andere bei materiellen und ideellen Statussymbolen zu übertrumpfen, konnte die Reaktion von ›Unterlegenen‹ darauf nicht fern sein. Sicher, Neid ist keine schöne Emotion – für den Neider selbst nicht, der sich ärgert und grämt, aber auch nicht für den Beneideten, weil er Ablehnung erfährt und feststellen muss, dass ihm etwas missgönnt wird, andere mithin ›irgendetwas‹ gegen ihn haben. Auf der anderen Seite können Erfolgreiche aus dem Neid ihrer Zeitgenossen zusätzliches Selbstbewusstsein tanken. Martial selbst ist dieses Gefühl nicht fremd; in einer Reihe von Epigrammen auf Neider dokumentiert er geradezu seinen Stolz auf die eigene Leistung und Wertschätzung durch seine ›Fans‹. In folgendem Zweizeiler etwa kriegen alle Neider ihr Fett ab. Die ›Botschaft‹ lässt sich auch über den Literaturbetrieb hinaus verallgemeinern:

Qui ducis vultus et non legis ista libenter,
omnibus invideas, livide, nemo tibi. (I 40)

Der du das Gesicht verziehst und so etwas nicht
gern liest:
Du kannst ruhig alle beneiden, Neidhammel –
dich beneidet keiner!

Ein wunderbarer Perspektivwechsel: Wer sich von neidischen Menschen angegriffen fühlt, sollte sich einfach einmal die Situation des Neiders klarmachen. Der eigentliche Loser ist er, und mit dieser Einsicht lässt es sich als scheinbar Herausgeforderter bestens leben. Denn in Wirklichkeit ist der Herausforderer der Herausgeforderte: *Er* ist es, der sich mit dem Status quo nicht abfinden mag …

Und von diesem Typus gibt es viele. Allerdings gehen sie nach Martials Beobachtung unterschiedlich mit ihren Neidgefühlen um. Die einen stehen dazu, die anderen verbergen ihren Neid. Eros gehört zu denen, die ganz offen ihrer neidvollen Enttäuschung Ausdruck verleihen, wenn er auf Luxuswaren stößt, die er selbst sich nicht leisten kann:

Plorat Eros, quotiens maculosae pocula murrae
inspicit aut pueros nobiliusve citrum,
et gemitus imo ducit de pectore, quod non
tota miser coëmat Saepta feratque domum.
Quam multi faciunt quod Eros, sed lumine sicco!
Pars maior lacrimas ridet et intus habet. (X 80)

Eros weint jedes Mal, wenn er Becher aus geflecktem
Flussspat
betrachtet oder (hübsche) Sklavenjungs oder
Zitrusholz der edleren Art,

und er seufzt aus tiefstem Inneren, dass er,
der arme Kerl, nicht die gesamten Saepta aufkaufen
und nach Hause tragen kann.
Wie vielen ergeht es wie Eros, allerdings mit trockenen
Augen!
Die Mehrzahl der Menschen lacht über diese Tränen –
und hat sie im Inneren.

Plorat, »er weint«: Mit dieser ungewöhnlichen Anfangsstellung des Prädikats wird das Thema des Epigramms gesetzt. Es geht um Tränen, die aus Neid, Frust und Wut darüber vergossen werden, sich etwas nicht leisten zu können. Schauplatz dieser Tränen sind die Saepta, ein exklusiver Einkaufsbezirk im alten Rom, mit der heutigen Via Condotti vergleichbar oder deutschen Edeleinkaufsmeilen wie der Maximilianstraße in München oder der Kö in Düsseldorf. Zu den absoluten Luxuswaren, die dort zu oft horrenden Preisen verkauft wurden, zählten die sündhaft teuren myrrhinischen Gefäße, Tische aus nordafrikanischem Zitrusholz und auch sehr gesuchte menschliche ›Ware‹. Das alles hätte Eros gern. Aber keine Chance für den ›armen Kerl‹ – wobei *miser* primär das seelische Unglück meint, die materielle Armut aber mitschwingen lässt. Deshalb stößt er tiefe Seufzer aus und vergießt bittere Tränen. Die Passanten, die ihn so sehen, lachen darüber. Eros wird zum Gespött, weil er seine Emotionen nicht beherrscht, sondern sie ›rauslässt‹. Im Unterschied zu vielen, die ›ihren‹ Eros tarnen und dort halten, wo er entsteht: *intus*, »im Inneren«. Sie fressen den Neid gewissermaßen in sich hinein. Und das kann den Neider, sagen uns heutige Psychologen, sogar krank machen. Insofern liegt Eros mit seinen Tränen gar nicht so falsch. Mögen die anderen über sein Seufzen, Weinen und Schluchzen lachen – er ist zumindest in dieser Hinsicht weiter vom Herzinfarkt entfernt als die *pars maior*, die Mehrzahl der Menschen, die ihre ›bad vibrations‹ *intus* behalten.

Im nächsten Epigramm begegnen wir einer Bösartigkeit, die als hämisches Gerede, übelwollende Kritik, eifersüchtiger Neid oder böswillige Missgunst daherkommt. Die Römer nannten sie *aerugo* – das ist eigentlich der Kupferrost oder Grünspan. Die Grenzen zwischen den genannten Charakterschwächen sind fließend; ihr ausführendes Organ aber ist stets dasselbe: *lingua*, die »Zunge«. Und wenn Martial, der sonst jede sexuelle Betätigung der Zunge schärfstens tadelt, deren ›Missbrauch‹ zur neiderfüllten Verleumdung noch heftiger attackiert, zeigt das, als welch ein sozialzerstörerisches Übel er das von Missgunst diktierte verbale Herfallen über andere einschätzt:

Cum tibi vernarent dubia lanugine malae,
  lambebat medios inproba lingua viros.
Postquam triste caput fastidia vispillonum
  et miseri meruit taedia carnificis,
uteris ore aliter nimiaque aerugine captus
  adlatras nomen quod tibi cumque datur.
Haereat inguinibus potius tam noxia lingua:
  nam cum fellaret, purior illa fuit. (II 61)

Als sich dir die Wangen in jugendlichem Alter mit
  kaum wahrnehmbarem Flaum überzogen,
leckte deine schamlose Zunge Männer in der Mitte.

Nachdem dein widerlicher Kopf den Ekel von
Totengräbern
und die Abscheu des bemitleidenswerten
Henkers verdient hat,
benutzt du deinen Mund anders und bellst, von
allzu großer Missgunst gepackt,
jeden Namen an, den man dir nennt.
Lieber sollte deine schuldige Zunge in der
Schamgegend hängen,
denn als sie dort leckte, war sie reiner.

Dass sich jemand schon als Jugendlicher zu ›schimpflichen‹ Sexualpraktiken hergab, gehörte geradezu zum Verleumdungsarsenal in der wahrlich nicht zimperlichen politischen Auseinandersetzung der römischen Republik. Als Schmähung und Ausdruck der Verachtung machte der Fellatio-Vorwurf auch deshalb ›Karriere‹, weil sich damit die Vorstellung eines ›unterwürfigen‹ Sexualpartners verband. Der anonyme Adressat des Epigramms verstand es indes, die tatsächliche Unreinheit seines Mundes in höherem Alter durch eine übertragene Form der Unreinheit noch zu steigern: Seine Zunge wurde zum Instrument maliziöser Missgunst. Er erregt, wie die Verse 3 und 4 deutlich machen, selbst bei Zeitgenossen Abscheu, deren ständiger Kontakt mit dem Tod sie an den Rand der Gesellschaft drängt: Totengräber und Henker standen ganz unten auf der sozialen Rangskala. Einer, der seine *lingua* so missbräuchlich einsetzte, unterbot dieses Niveau aber noch. Und so kann Martial dem ›outlaw‹ wenigstens eine bescheidene Perspektive gesellschaftlicher Wiedereingliederung anbieten. Wenn seine Zunge sich wie in seinen Jugendjahren wieder dem Ablecken fremder Genitalien zuwendet, wird sie wieder *purior*, »reiner«. Womit der schlagende Beweis erbracht wäre, dass – im Unterschied zu einer rein morphologisch orientierten Logik der Schulgrammatik – der Komparativ des Adjektivs inhaltlich nicht unbedingt eine Steigerung des Positivs sein muss: »Reiner« ist eben nicht nur der Komparativ zu »rein«, sondern auch zu »unrein«.

Zum Abschluss ein Neid-Epigramm mit überraschender Pointe. Gegenstand des Neids ist wieder einmal der Dichter selbst. Und er nutzt die Gelegenheit weidlich zur Selbstdarstellung:

Rumpitur invidia quidam, carissime Iuli,
  quod me Roma legit, rumpitur invidia.
Rumpitur invidia, quod turba semper in omni
  monstramur digito, rumpitur invidia.
Rumpitur invidia, tribuit quod Caesar uterque
  ius mihi natorum, rumpitur invidia.
Rumpitur invidia, quod rus mihi dulce sub urbe est
  parvaque in urbe domus, rumpitur invidia.
Rumpitur invidia, quod sum iucundus amicis,
  quod conviva frequens, rumpitur invidia.
Rumpitur invidia, quod amamur quodque probamur –
  rumpatur quisquis rumpitur invidia. (IX 97)

Da platzt einer vor Neid, mein liebster Iulus;
  weil Rom mich liest, platzt er vor Neid.
Er platzt vor Neid; weil in jeder Menschenmenge stets
  mit dem Finger auf mich gezeigt wird, platzt er
    vor Neid.

Er platzt vor Neid; weil beide Kaiser mir
das Dreikinderrecht verliehen haben,
platzt er vor Neid.
Er platzt vor Neid; weil ich ein liebliches Landgut
nahe der Stadt besitze
und ein kleines Palais in der Stadt, platzt er vor Neid.
Er platzt vor Neid; weil ich meinen Freunden
angenehm bin
und weil ich häufig als Gast eingeladen werde,
platzt er vor Neid.
Er platzt vor Neid, weil ich geliebt und anerkannt
werde –
soll doch vor Neid platzen jeder, der vor Neid platzt.

Nur zwölf Verse umfasst das Epigramm, aber es wirkt monoton wie kaum ein zweites. Den Lesern wird geradezu eingehämmert, dass da irgendeiner vor Neid platzt: Anfang und Ende der ersten fünf Distichen sind identisch. *Rumpitur invidia*, die entscheidenden zwei Wörter, die die Emotion des Neidhammels sowie ihre psychische, ja fast körperlich anmutende Reaktion des Platzens, des Nicht-mehr-aushalten-Könnens – *rumpitur* – beschreiben, rahmen jeden Doppelvers ein. In der Mitte steht jeweils das Objekt des Neids, das er, die Stellung zeigt es, geradezu umklammert hält, auf das er fixiert ist. Diese Zielscheiben des Neids sind die dynamischen Elemente innerhalb eines statischen Rahmens. Die erste, vier Verse umfassende Gruppe stellt die Beliebtheit des Dichters Martial heraus. Ganz Rom liest ihn – heute spräche man von einem Bestseller-Autor. Und wenn er in der Öffentlichkeit auftritt, zeigen die Leute mit dem Finger auf ihn – heute spräche man, auch wenn die abgekürzte Version ein Horror für Lateiner ist, von einem ›Promi‹.

Sein literarischer Erfolg hat Martial gesellschaftliche und finanzielle Privilegien eingebracht. Das ist das Thema der zweiten, ebenfalls vier Verse langen Gruppe. Die Kaiser Titus und Domitian haben ihm das Dreikinderrecht ehrenhalber verliehen. Das sicherte ihm nicht nur gesellschaftliche Anerkennung, sondern auch Vorrechte im Erb- und Steuerrecht. Sein materieller Wohlstand erweist sich im Besitz eines Landguts in privilegierter Lage – nah an der Stadt, aber fern genug von deren Hektik und Krach – und eines Stadtpalais, das es zwar nicht mit den Palästen der Reichen aufnehmen kann, aber doch deutlich über das heutige Reihen- und normale Einfamilienhaus hinausgeht. Vom Selbstbild des *pauper poeta*, des »armen«, d. h. in bescheidenen Verhältnissen lebenden Dichters, sind diese von Besitzerstolz geprägten zwei Verse weit entfernt.

Die dritte, auf zwei Verse beschränkte Gruppe zeigt Martial in seinem sozialen Umfeld: Man hat ihn gern zum Freund und als Partygast – einen angenehmen Zeitgenossen, der trotz seiner beruflichen und wirtschaftlichen Erfolge nicht ›abgehoben‹ hat. Der vorletzte Vers fasst – auch unter Rekurs auf die erste Versgruppe – sein Standing in der römischen Gesellschaft, am Kaiserhof und im Bekanntenkreis noch einmal zusammen: *Amamur* und *probamur*, echte Zuneigung und große Anerkennung werden ihm zuteil, das eine ein subjektives Gefühl vieler Menschen ihm gegenüber, das andere eine objektive Beschreibung seines Status als Literat und Persönlichkeit.

Das alles erregt Neid – heftigen Neid, wie die ständige Wiederholung der Reaktion des *invidia rumpi* deutlich werden lässt. Na und? Sollen sie mich doch beneiden, ist Martials gelassenes Fazit. Und er braucht dazu nur einen einzigen Buchstaben zu ändern. Aus dem Indikativ *rumpitur* wird der Konjunktiv *rumpatur*: eine Aufforderung an alle Neidhammel der Welt – *quisquis*, »jeder, der«, erweitert das *quidam*, »einer«, aus Vers 1 zur denkbar größten Zahl von Neidern –, ihm sozusagen den Buckel herunterzurutschen. »Nicht mein Problem«, sagt der Konjunktiv aus, ich lasse mir mein in jeder Hinsicht erfreuliches, zufriedenes Leben nicht von übelwollenden Neidbolzen vermiesen.

Ein aktualisierbares ›Rezept‹ zum Umgang mit Neidhammeln? Fragt sich nur, ob Martial mit solchen Gedichten nicht erst eben jene Neider auf den Plan gerufen hat, die ihm so ›schnuppe‹ sind wie nur irgendetwas …

8 Gegen Angeber, Blender und Möchtegerne

Das antike Rom war eine Klassengesellschaft, und das wurde auch nicht versteckt. Im Gegenteil. Es gab offizielle Statussymbole, die jemanden als Angehörigen der Oberschicht auswiesen: Der *clavus latus*, »breite Purpurstreifen«, auf Toga und Tunika kennzeichnete seinen Träger als Senator, der goldene Ring, *anulus aureus*, zeigte den Ritter (*eques*) an. Daneben gab es zahlreiche inoffizielle Statussymbole, die sich unter anderem an teurer Kleidung, dem Besitz vieler Sklaven, dem Begleitservice zahlreicher Klienten bei Spaziergängen und einem repräsentativen Stadtpalais (*domus*) festmachten. Da man sich in der Oberschicht wechselseitig häufig zu Partys einlud, nutzte man diese Gelegenheiten, um sein Haus, die Kunstwerke und die Bibliothek, das Tafelgeschirr sowie erlesene Speisen und Weine geradezu vorzuführen.

Luxus mochte nicht zu der vielbeschworenen Sitte der Vorfahren (*mos maiorum*) passen, tatsächlich aber stand im Prestige-Schaukampf der Mächtigen und Reichen keiner zurück, wenn es ans Repräsentieren und an die Selbstinszenierung ging. Ausgesprochene *luxuriosi*, die sich ganz demonstrativ und geradezu offensiv dazu bekannten, mit Geld nur so um sich zu werfen, um sich Sozialprestige zu erkaufen, waren für Satiriker ein gefundenes Fressen. Martial macht da keine Ausnahme. Angeberische Gastgeber gehörten zu dieser Personengruppe – sie werden in Kapitel 1 vorgestellt –, aber auch ein Typ wie Quintus, dem nichts teuer genug sein kann:

Centenis quod emis pueros et saepe ducenis,
 quod sub rege Numa condita vina bibis,
quod constat decies tibi non spatiosa supellex,
 libra quod argenti milia quinque rapit,
aurea quod fundi pretio carruca paratur,
 quod pluris mula est quam domus empta tibi:
haec animo credis magno te, Quinte, parare?
 Falleris: haec animus, Quinte, pusillus emit. (III 62)

Wenn du für hunderttausend, oft auch für zweihunderttausend Sesterze junge Sklaven kaufst,
 wenn du Weine trinkst, die unter König Numa eingelagert wurden,
wenn dich Hausrat, der nicht gerade viel Platz einnimmt, eine Million kostet,
 wenn dir ein Pfund Silbergeschirr fünftausend Sesterze raubt,
wenn du für den Preis eines Landgutes eine goldene Luxuskarosse erwirbst,
 wenn du ein Maultier gekauft hast, das teurer ist als ein stattliches Haus:

Glaubst du, Quintus, dass du all das in großartiger
Gesinnung erwirbst?
Du täuschst dich. All das kauft, Quintus,
ein kleiner Geist.

Hübsche, langhaarige Unfreie, die man seinen Freunden auf Partys als ›appetitliche‹ Bediensklaven vorführen (und auch sexuell missbrauchen) konnte, Uraltweine, kostbarste Gefäße und von den besten Silberschmieden gefertigtes Tafelgeschirr, zur eigenen Bewegung und fremden Bewunderung teuer erstandene ›Luxusschlitten‹, wie man heute sagt, und sogar Nutztiere, die zu völlig überhöhten Preisen erworben wurden – mit all dem will Quintus in der feinen Gesellschaft punkten. Er kann sich sicher sein, damit eine Menge Aufmerksamkeit auf sich zu ziehen. Es sind bei allen Luxusgütern die riesigen, hyperbolisch hervorgehobenen Summen – allein beim Wein reicht der Hinweis »uralt« für die Assoziation »irre teuer« aus –, die Quintus ›groß‹ erscheinen lassen sollen. Sie werden zudem ins Verhältnis gesetzt zu realistischen Wertangaben: Für Hausrat, der ordentlich viel Platz einnimmt, für ein Landgut, für ein Stadtpalais könnte man vielleicht so viel hinblättern – aber doch nicht für *haec* (Vers 7 und 8), »dieses Zeug«.

Mit *modus*, »Maß«, haben diese grotesken Missverhältnisse nichts zu tun, und eben auch nicht mit Hochherzigkeit, Großzügigkeit oder Großartigkeit. Dem *animus magnus* des Selbstbildes stellt Martial den *animus pusillus* seines Urteils entgegen, wobei mit *pusillus*, »winzig«, noch eine Steigerung des eigentlich erwartbaren Gegensatzes *parvus*, »klein«, gelingt. Der noch einigermaßen offenen

Frage »glaubst du« (schon mit Tendenz zu »… wirklich?«) im vorletzten Vers folgt die harsche Zurechtweisung *falleris*, »du täuschst dich«. Ein aufgedeckter Selbstbetrug: Das Einzige, was an dem Kleingeist Quintus groß ist, ist seine Großmannssucht. Wie gut, dass Typen wie Quintus der Vergangenheit angehören!

Wie das Sein das Bewusstsein bestimmt, wird an der plötzlichen Metamorphose eines Austerity-Saulus zum Luxus-Paulus deutlich. Sein Name ist Aper, und der Grund für seinen Sinneswandel hin zum angeberischen *luxuriosus* ist eine ›fette‹ Erbschaft:

Lintea ferret Apro vatius cum vernula nuper
    et supra togulam lusca sederet anus
atque olei stillam daret enterocelicus unctor,
    udorum tetricus censor et asper erat:
Frangendos calices effundendumque Falernum
    clamabat, biberet quod modo lotus eques.
A sene sed postquam patruo venere trecenta,
    sobrius a thermis nescit abire domum.
O quantum diatreta valent et quinque comati!
    Tunc, cum pauper erat, non sitiebat Aper. (XII 70)

Als neulich noch dem Aper ein krummbeiniger
        Sklave die Badetücher trug
  und auf seiner knappen Toga eine einäugige Alte
        (als Aufpasserin) saß
und ein Salber, der an einem Hodenbruch litt, ihm
        einen Tropfen Öl reichte,
  da war er ein pedantischer und strenger Zensor
        über die Betrunkenen.

Zerschlagen müsse man deren Becher und
den Falerner ausschütten,
den der gerade geduschte Ritter trinke,
pflegte er zu rufen.
Nachdem ihm aber vom alten Onkel dreihundert-
tausend Sesterze zugefallen sind,
da weiß er nicht mehr, wie er nüchtern von den
Thermen nach Hause kommt.
Ach, was Diatretgläser und fünf langhaarige Sklaven
doch ausmachen!
Damals, als er noch wenig besaß, hatte Aper
keinen Durst.

Ein Thermenbesuch – das war für Aper früher eine in jeder Hinsicht nüchterne Sache. Seine Entourage bestand aus einem wenig vorzeigbaren Sklaven und einer alten Frau, die seine Kleidung gegen die ›Angriffe‹ der berüchtigten Thermendiebe verteidigte. Er war *pauper*, d. h. als Sklavenbesitzer nicht wirklich arm, aber doch nicht wohlhabend, sondern auf eigene Erwerbstätigkeit angewiesen. Und er regte sich mehr als einmal – das iterative Imperfekt *clamabat* drückt eine wiederholte Handlung aus – über die ›verschwenderischen‹ *equites* (»Ritter«) auf, die nach einem Thermendurchgang zu edlem Falernerwein in edlen Bechern griffen.

Mit Vers 7 erfolgt die Wende in seinem Leben, eingeleitet mit adversativem *sed*, »aber«. Sie kommt in Form einer Erbschaft. Mit 300 000 Sesterzen im Rücken spielte Aper zwar noch nicht mit in der Liga der zuvor von ihm angefeindeten *equites* – der erforderliche Zensus dafür lag bei 400 000 –, aber aus dem Gröbsten war er heraus. Und das demonstrierte er unübersehbar. Aus dem krummbeinigen Unfreien wurde, wenn er zum Baden ging, eine fünfköpfige Begleitmannschaft aus hübschen Sklaven; mitgeführt wurden bei diesen Ausflügen Diatretgläser. Sie gehörten mit ihrer kunstvoll durchbrochenen Außenhaut und den feinen Stegen zum Kostbarsten, was die römische Tischkultur zu bieten hatte – und eigneten sich aufgrund ihrer leichten Zerbrechlichkeit nicht gerade für einen Thermenbesuch. Wer sie trotzdem dahin mitnahm, hatte es ›nötig‹, d. h., er wollte renommieren und seinen neuen ›Status‹ demonstrieren. Und natürlich edlen Falernerwein daraus trinken; so wie es die Begüterten schon immer gehalten hatten, als Aper noch auf der anderen Seite stand – damals, als er noch ›trocken‹ war und sich zum herben Sittenrichter über die verschwenderischen ›Säufer‹ aufschwang. *Tempi passati* – der Durst hatte Aper eingeholt. Edle Entourage und edle Trinkbecher forderten ihren Tribut: *Keinen* Wein zu trinken konnte Aper sich nicht mehr leisten.

Echte Angeber mit Substanz waren das eine, das andere waren Aufschneider, die sich eines Reichtums brüsteten, den sie gar nicht besaßen. Auch sie wurden zur Zielscheibe von Martials Spott, und zwar eher noch heftiger als ihre ›potenten‹ Vorbilder. Als ›Opfer‹ der gesellschaftlichen Verhältnisse, die Protzerei und Angeber-Allüren förderten, sah der Satiriker sie nicht.

Der erste in der Reihe der Habenichtse, die nur eine große Show abziehen, ist ein namenloser Spaziergänger, der die Blicke der Passanten mit seiner luxuriösen Fassade auf sich zieht:

Hic, quem videtis gressibus vagis lentum,
amethystinatus media qui secat Saepta,
quem non lacernis Publius meus vincit,
non ipse Cordus alpha paenulatorum,
quem grex togatus sequitur et capillatus
recensque sella linteisque lorisque,
oppigneravit modo modo ad Cladi mensam
vix octo nummis anulum, unde cenaret. (II 57)

Der hier, den ihr langsam ohne Ziel schreiten seht,
der in amethystfarbener Kleidung die Saepta
durchquert,
den nicht einmal mein Publius in Sachen
Kapuzenmäntel übertrifft,
selbst Cordus nicht, die Nummer eins unter den
Reisemantel-Trägern,
dem eine Schar von Toga tragenden Klienten und
langhaarigen Sklaven folgt
sowie ein moderner Tragsessel, mit Vorhang
und Gurten –
gerade eben hat er an der Theke des Geldverleihers
Cladus
seinen Ring für gerade mal acht Sesterze verpfändet,
um sein Essen finanzieren zu können.

Da legt es einer darauf an, Eindruck zu machen: In auffällige, edle Garderobe gehüllt, eine Eskorte von Klienten und langhaarigen Sklaven hinter sich herziehend – die freien Bürger natürlich seriös in Toga gewandet, modern gesprochen als Anzugträger –, einen Tragsessel mit allen Schikanen im weiteren Gefolge, ohne praktischen Wert, aber als

Statussymbol ein ›eye catcher‹. Ganz so wie manche anderen, die auf sich halten und vor allem gesehen werden wollen, promeniert der Mensch durch Rom: gemächlich, ohne Hektik und ohne Ziel, einfach nur so, um sich anschauen, bewundern, beneiden zu lassen. Auch der Schauplatz ist überlegt gewählt: Die Saepta waren ein Einkaufsviertel für Reiche, eine ›Edelmeile‹ wie die heutige Via Condotti.

Und doch ist das alles nur Fassade, decken die beiden letzten Verse auf. Da ist ein Hochstapler unterwegs, der vor seinem grandiosen Auftritt in der Öffentlichkeit mit angemietetem Personal gerade noch beim Pfandleiher war und einen Ring versetzt hat. Für acht Sesterze – ungefähr der doppelte Tageslohn eines Lohnarbeiters und damit eine ganz andere ›Dimension‹, als der großspurige Auftritt vermuten lassen könnte. Große Sprünge kann er mit dem Erlös des wenig Saepta-konformen Kurzbesuchs beim Pfandleiher nicht machen. Der scheinbare *luxuriosus* braucht das Geld, um ein Grundbedürfnis zu befriedigen: Er will satt werden …

Ist es nur der Namenlose, den Martial da satirisch auf die Schippe nimmt? Wohl kaum – gerade weil der Blender namenlos bleibt. Er hat nichts zu bieten außer einer auf Prunk getrimmten Fassade. Aber wie viele, die ihm begegnen, schauen sich nach ihm um und halten ihn für einen, der er überhaupt nicht ist?! Insofern hat auch der substanzlose Angeber mit seiner ›Nummer‹ durchaus Erfolg.

Ebenfalls in den Saepta mit ihren Luxusgeschäften stoßen wir auf einen anderen Angeber-Typen. Mamurra ist zwar ohne Gefolge unterwegs, aber mit sehr wachen Augen.

In Saeptis Mamurra diu multumque vagatus,
  hic, ubi Roma suas aurea vexat opes.
Inspexit molles pueros oculisque comedit,
  non hos, quos primae prostituere casae,
sed quos arcanae servant tabulata catastae
  et quos non populus nec mea turba videt.
Inde satur mensas et opertos exuit orbes
  expositumque alte pingue poposcit ebur,
et testudineum mensus quater hexaclinon
  ingemuit citro non satis esse suo.
Consuluit nares, an olerent aera Corinthon,
  culpavit statuas et, Polyclite, tuas,
et turbata brevi questus crystallina vitro
  murrina signavit seposuitque decem.
Expendit veteres calathos et si qua fuerunt
  pocula Mentorea nobilitata manu,
et viridis picto gemmas numeravit in auro,
  quidquid et a nivea grandius aure sonat.
Sardonychas veros mensa quaesivit in omni
  et pretium magnis fecit iaspidibus.
Undecima lassus cum iam discederet hora,
  asse duos calices emit et ipse tulit. (IX 59)

In den Saepta trieb sich Mamurra lange und viel herum,
  hier, wo das goldene Rom seine Schätze umschlägt.
Er schaute sich aufregende Sklavenjungs genau an und
    verschlang sie mit seinen Augen,
  nicht die, die Verkaufsbuden vorn zur Schau gestellt
    haben,
sondern die, die Stockwerke weiter oben für solvente
    Kunden auf Laufstegen präsentieren

und die weder das Volk noch Leute meines Schlags
zu sehen bekommen.
Als er davon satt war, nahm er die Abdeckung von
Tischen und verhüllte Platten weg
und verlangte, die in der Höhe aufgestellten, mit Öl
eingeriebenen Elfenbeinfüße (der Tische) zu sehen,
und viermal maß er ein mit Schildpatt ausgelegtes
Sofa für sechs Leute aus
und stöhnte auf, dass es für seinen Zitrustisch nicht
groß genug sei.
Er befragte seine Nase, ob Bronzen nach ihrer
korinthischen Herkunft röchen,
und hatte selbst an deinen Statuen, Polyklet, etwas
auszusetzen.
Er beklagte sich zunächst, die Kristallgefäße seien von
Glassplittern verunreinigt,
und versah dann zehn Gefäße aus Flussspat mit
seinem Siegel und ließ sie beiseitestellen.
Antike Trinkschalen prüfte er auf ihr Gewicht hin
und sämtliche Becher,
die Mentors Hand veredelt hatte,
und er zählte die grünen, in ziseliertes Gold gefassten
Edelsteine
und was an Größerem vom schneeweißen
Ohrläppchen klimpert.
Bei jedem Tisch suchte er nach echten Sardonyxen
und gab Gebote für große Jaspisse ab.
Als er schließlich zur elften Stunde erschöpft wegging,
kaufte er zwei Becher für einen As und trug sie auch
noch eigenhändig nach Hause.

Die Saepta waren ein viereckiges, von Säulenhallen eingerahmtes Areal, das mit seinen Edelboutiquen vor allem finanziell potente Kundinnen und Kunden anlockte, daneben aber auch Möchtegernkäufer, die neudeutsch gern als ›window shopper‹ bezeichnet werden. Unter denen ist Mamurra eine besondere ›Marke‹. Er begnügt sich nicht mit Blicken von außen, sondern geht in die Läden, begutachtet die Produkte und lässt sich sogar besonders Edles wie hochpreisige menschliche ›Ware‹ vorführen, die den Blicken der normalen Leute verborgen bleibt (Vers 4 ff.). Mamurras Inspektionstouren ziehen sich ordentlich in die Länge. Lange und viel schaut er sich um (*diu multumque*), erfahren wir im ersten Vers, und tatsächlich verlässt er den Luxusbezirk erst in der elften Stunde – also kurz, bevor es dunkel wird (Vers 21), und zwar *lassus*, »müde«, »erschöpft«, ausgepowert vom ausgiebigen ›Shopping‹. Der Rahmung des Epigramms durch diese Zeitangaben entspricht das lange Herumstöbern. Dessen Schilderung umfasst zwanzig Verse und unterschiedliche Stationen. Dabei konzentriert sich Mamurra auf erlesene Luxuswaren. Wir lernen alles kennen, was gut, teuer und in der ›feinen‹ Gesellschaft Gegenstand des Vorzeigens und des Renommierens war: von ›verführerischen‹ Edelsklaven über sündhaft teure Tische – ein beliebter Sammelgegenstand von Millionären –, korinthische Bronzen, Statuen aus der höchsten künstlerischen Produktion von Hellas, myrrhinische Gefäße – das Nonplusultra der Glaskunst – bis hin zu goldenem, mit exotischen Edelsteinen besetztem Tafelgeschirr. Römische Leser brauchten die Zusammenstellung nur zu überfliegen, um eine wahre Luxuswelt vor ihrem geistigen Auge zu sehen: Genau so waren die prächtigen Häuser der Reichen ausgestattet.

Was Mamurra sich da ansah, waren ohne Übertreibung Millionenwerte. Da schauten Kaufinteressenten schon einmal genauer hin; so auch Mamurra, der sich allerdings wenig souverän auf ein dauerndes Mäkeln kapriziert: Riecht das wirklich nach korinthischer Bronze? Hat da nicht sogar ein Polyklet – einer der berühmtesten Bildhauer der Antike – ein bisschen gepfuscht? Ist das Kristall nicht verunreinigt? Stimmt das vom Verkäufer genannte Gewicht? Entspricht die Zahl der Edelsteine seinen Erwartungen? Wer so genau hinschaut, sucht nicht selten Vorwände, um doch nicht zu kaufen, oder will den Preis drücken. In *pretium facere* (Vers 20) könnte auch ein Gegengebot zum verlangten Preis stecken. Allerdings waren Handeln und Feilschen bei Kaufgeschäften in Rom durchaus üblich.

Das intensive, kritische und ermüdende Begutachten resultiert schließlich in einem einzigen Kauf: zwei Becher zum Preis von einem As. Der Shopping-Berg hat gekreißt – und ein Mäuslein hervorgebracht. Mamurra ist ein Blender. Er tut so, als könnte er sich all die Luxuswaren leisten, aber in Wirklichkeit ist er der typische Kunde des 1-As-Shops. Er bläst sich in jeder Hinsicht auf. Der tatsächliche Kauf ist dann der Pieks, der die Luft herauslässt. Ein weiterer ist die Schlusspointe: *ipse tulit,* »er trug sie selbst nach Hause«. Was ist daran anstößig? Moderne Leser verstehen den Hieb nicht sofort, Martials römische Landsleute aber schon: Wer in der Edelmeile Saepta einkaufen geht, hat natürlich einen Sklaven dabei, der ihm die Einkäufe nach Hause trägt – mindestens einen. Spätestens mit dem *ipse,* »selbst«, wird Mamurra als Aufschneider enttarnt, der sich zwar den ganzen Tag in den Saepta herumtreibt, aber dort überhaupt nichts verloren hat. Und auch nichts zu kaufen.

Manche Römer bewiesen einen bemerkenswerten Einfallsreichtum in der ›Blendtechnik‹. Einen besonderen Coup, seine Umgebung zu täuschen, hat sich der Ehrengast eines *convivium* ausgedacht, der namentlich nicht genannt wird:

Medio recumbit imus ille qui lecto,
calvam trifilem semitatus unguento,
foditque tonsis ora laxa lentiscis,
mentitur, Aefulane: non habet dentes. (VI 74)

Er da, der ganz unten auf dem mittleren Speisesofa
liegt,
der seiner aus drei Haaren bestehenden Glatze mit
Salböl einen Scheitel verpasst hat
und seinen weit geöffneten Mund mit Zahnstochern
aus Mastixholz umgräbt,
der lügt, Aefulanus: Er hat gar keine Zähne.

Dass der auf dem Ehrenplatz liegende Gast dem dichterischen Ich nicht besonders gefällt, wird schon durch *ille* klar: »der Kerl da hinten«. Schön ist der nicht, aber eitel: Er hat seine paar verbliebenen Haare mit Schminke zu einem Scheitel ›geformt‹. Noch viel unschöner aber sind seine Tischmanieren: Er fuchtelt mit Zahnstochern in seinem Mund herum – und der ist auch noch schön weit offen, so dass die anderen Gäste sein *fodere*, »Graben«, bestens mitverfolgen können.

Die negative Einstimmung auf diesen Ehrengast – vielleicht ein Ausdruck von Neid – erfährt mit *mentitur* einen Höhepunkt. Der Kerl ist ein Blender! Er macht den anderen etwas vor. Wie das? Der Spannungsbogen wird noch einmal durch eine retardierende Anrede an Aefulanus verlängert und dann erst mit dem letzten Wort gelöst: Die Benutzung eines Zahnstochers ist sinnvollerweise an das Vorhandensein von *dentes*, »Zähnen«, geknüpft. Eine notwendige Bedingung, die dieser Ehrengast aber nicht erfüllt und deshalb zu Recht der Lüge und Täuschung geziehen wird. Er steigert damit sein Blendungspotential noch einmal. Beim Überdecken der Glatze war mit drei verbliebenen Haaren wenigstens noch etwas Substanz da, in seinem Mund dagegen herrscht gähnende Leere. Da hilft auch kein noch so angestrengtes »Graben«: Die Zahnstocher verlieren sich im Nichts.

GEGEN HEUCHLER

Wer über Menschen schreibt, die heucheln, sollte selbst – erst recht in diesem Kontext – nicht heucheln. Das täte ich aber, wenn ich in vermeintlich gerechter Gendersprache die Überschrift »Heuchler und Heuchlerinnen« wählte oder gar das schreckliche »Heuchelnde«. Ich weiß auch nicht, ob es gerade bei Begriffen mit negativer Assoziation ein besonderer Fortschritt wäre, prononciert dort das Femininum mitzugebrauchen, und bleibe deshalb beim generischen Maskulinum. Das umfasst, wie die ersten beiden Beispiele zeigen, durchaus auch Heuchlerinnen.

Im Zusammenhang mit vom sozialen Umfeld erwarteter Trauer war – und ist – Heuchelei keine Seltenheit. »Ohne Zuschauer hört der Schmerz auf«, weiß Seneca von manchen Fällen zu berichten (*Epistulae morales* 99,16), und Martial nimmt sich eine Gellia vor, die über den Tod ihres Vaters sozusagen nur in Gesellschaft tieftraurig ist.

Amissum non flet, cum sola est, Gellia patrem;
si quis adest, iussae prosiliunt lacrimae.
Non luget, quisquis laudari, Gellia, quaerit:
ille dolet vere, qui sine teste dolet. (I 33)

Wenn sie allein ist, beweint Gellia nicht den Verlust
des Vaters;
wenn jemand zugegen ist, brechen die Tränen
wie auf Kommando hervor.
Nicht trauert, wer dafür gelobt werden will, Gellia.
Derjenige ist echt betrübt, der ohne Zeugen
betrübt ist.

Gellias Verhalten ist durch die Gegensätze *sola*, »allein«, und *si quis adest*, »wenn jemand da ist«, bestimmt. Im ersten Fall weint sie nicht, im zweiten umso hemmungsloser. Da stürzen die Tränen geradezu aus den Augen hervor. *Iussae* zeigt indes, dass es sich dabei um einen Willensakt handelt: Die Tränen sind »befohlen«, von ihr »bestellt«, und zwar, damit sie für wahre Tochterliebe gepriesen wird. Echte Trauer kommt jedoch von innen und bedarf keiner Motivation von außen – und auch keiner Zeugen, tadelt Martial diese Heuchelei. Und verallgemeinert seine Kritik weit über Gellia hinaus: *Quisquis* und *ille* sind maskuline Formen. Womit klargestellt ist, dass das Fehlverhalten der Heuchelei keineswegs als Spezifikum von Frauen zu gelten hat.

Eine ähnliche Form der Heuchelei – und noch viel Schlimmeres – unterstellt Martial einer anderen Frau. Auf den ersten Blick ist Chloe eine vom Schicksal hart geprüfte Ehefrau. Tragödien, so scheint es, pflastern ihren Ehe-Weg:

Inscripsit tumulis septem scelerata virorum
se fecisse Chloe. Quid pote simplicius? (IX 15)

Auf die Gräber ihrer sieben Männer schrieb die
unselige Chloe,
»sie habe es gemacht«. Was könnte ehrlicher sein?

Das Epigramm ist ein wunderbares Beispiel für Martials virtuoses Spiel mit der Doppeldeutigkeit von Begriffen. Sieben Männer sind Chloe gestorben; kein Wunder, dass sie als *scelerata*, »unselig«, »unglücklich« erscheint. Vielleicht sogar sich selbst, da sie alle Ehemänner überlebt hat. In ihrer Trauer und Verzweiflung bezeichneten Hinterbliebene sich in Grabinschriften gelegentlich als *scelerati* (CIL VI 9961; 75769), gewissermaßen als »Schuldige«, weil sie weiterleben durften.

Außerdem gab es eine feste Formel, in der die Person, die den Grabstein oder das Grabmal errichten ließ, dies durch ein *fecit* bekräftigte: *Marito bene merenti Chloe fecit* könnte eine Formulierung sein, die römischen Lesern sofort in den Sinn kam – »Chloe hat (dieses Grabmal) für ihren Ehemann, der das verdient hat, bauen lassen«. Martials Formulierung *inscripsit ... se fecisse*, »sie schrieb darauf, dass sie es gemacht, d. h. den Bau veranlasst habe«, muss an sich keinen Verdacht erregen. Das ist ein normaler AcI, der ein im Funerärkult übliches Faktum wiedergibt.

Allerdings lässt die Zahl »sieben« aufhorchen – erst recht, wenn man an die Krebsübel Erbschleicherei und Giftmorde an Verwandten denkt, über die immer wieder gemunkelt wurde. Dass so viele Ehemänner eines natürlichen Todes gestorben sind, ist vor diesem Hintergrund schwer zu glauben. Mit seiner abschließenden Frage nährt Martial einen Mordverdacht gegenüber Chloe. Gewiss, *simplex*, die Grundform des Komparativs *simplicius*, kann auch »schlicht« bedeuten. Aber worin besteht dann die Schlichtheit der Chloe? Dass sie siebenmal reinen Herzens eine Formel an die Gräber schreiben lässt, die sie bei missverständlicher Deutung als Täterin entlarven kann? Wer so argumentiert, übersieht, dass das *fecit* im Kontext des Grabbaus, wie gezeigt, völlig eindeutig ist: Tausende Grabinschriften bezeugen das, und wenn der Name der verstorbenen Person auch noch im Dativ oder Genitiv dazutritt, kommt niemand auf die Idee, das *fecit* als Tätergeständnis zu interpretieren.

Martials Kunstgriff besteht darin, die Formel abzukürzen und partiell kontextlos zu verwenden und mit *scelerata* eine Ambiguität hin zu einem mehrfachen Mordgeständnis zu befördern. In *sceleratus* steckt *scelus*, »Verbrechen«; *sceleratus* heißt also auch – oder sogar in erster Linie – »verbrecherisch«, »frevelhaft«. Im Zusammenhang mit einer Selbstbezichtigung wäre Chloe eine Verbrecherin, und zwar eine vom Dichter selbst als solche bezeichnete. Wenn man dazu noch die rhetorische Frage nimmt und *simplex* als »aufrichtig«, »ehrlich« deutet, sitzt Chloe schon fast auf der Anklagebank. Es mag aufgrund der Doppeldeutigkeit an gleich drei Stellen Restzweifel geben. Aber die Mehrheit der lesenden ›Richter‹ wird Chloe wegen ihrer pflichtbewusst in Auftrag gegebenen Grabmäler nicht nur für eine Heuchlerin, sondern auch für eine siebenfache Mörderin halten. Und Martial für einen wunderbaren Sprachkünstler.

Ein Scheinheiliger ist Caecilianus – ein Moralapostel, der den allgemeinen Sittenverfall beklagt. Martial nutzt sein Epigramm dagegen, um geradezu ein Loblied auf seine Gegenwart zu singen – durchaus als Kompliment für den (von Historikern deutlich weniger gerühmten) Kaiser Domitian:

Dixerat »o mores! O tempora!« Tullius olim,
sacrilegum strueret cum Catilina nefas,
cum gener atque socer diris concurreret armis
maestaque civili caede maderet humus.
Cur nunc »o mores!«, cur nunc »o tempora!« dicis?
Quod tibi non placeat, Caeciliane, quid est?
Nulla ducum feritas, nulla est insania ferri;
pace frui certa laetitiaque licet.
Non nostri faciunt, tibi quod tua tempora sordent,
sed faciunt mores, Caeciliane, tui. (IX 70)

Ausgerufen hatte einst Tullius »O Sitten! O Zeiten!«,
als Catilina sein gottloses Verbrechen schmiedete,
als Schwiegersohn und Schwiegervater mit
schrecklichen Waffen zusammenstießen
und die Erde traurig mit Bürgerblut getränkt war.
Warum sagst du jetzt: »O Sitten!«, warum jetzt:
»O Zeiten!«?
Was ist es, das dir, Caecilianus, nicht gefällt?
Es gibt keine Grausamkeit der politischen Führer,
keinen Waffenwahnsinn;
wir dürfen sicheren Frieden und Freude genießen.
Nicht unsere Sitten bewirken, dass dich deine Zeiten
anwidern,
sondern das bewirken, Caecilianus, deine eigenen
Sitten.

Schon zu Martials Zeit war Marcus Tullius Ciceros verzweifelter Ausruf *o tempora, o mores!* (»O Zeiten, o Sitten!«) sprichwörtlich – so wie man ihn noch heute aus dem Mund gebildeter Zeitgenossen hört, die das Heil in einer vermeintlich besseren Vergangenheit suchen. Drei Verse verwendet Martial darauf, die historische Situation zu skizzieren, in der Cicero den Sittenverfall beklagte: Die Verschwörung des Catilina und der blutige Bürgerkrieg zwischen Caesar, dem Schwiegersohn, und Pompeius, dem Schwiegervater – das war die ›gute alte Zeit‹! Mit ihr kontrastiert er die eigene Gegenwart, die in einem zweifachen *nunc*, »jetzt«, erscheint, verbunden mit einer rhetorischen Warum-Frage? Das präsentische *dicis*, »du sagst«, ist ganz weit von der ursprünglichen Situation entfernt, einem *dixerat*, »hatte gesagt«, im Plusquamperfekt. In den neuen zeitlichen Kontext fügt sich Ciceros resignativer Ausruf also überhaupt nicht ein! Aber noch einmal: Was passt dir denn nicht an unserer Zeit, Caecilianus? Was ist es?

Ohne Caecilianus' Antwort abzuwarten, porträtiert Martial die Jetztzeit fast als ein Goldenes Zeitalter. Das, was Ciceros Empörung hervorgerufen hatte, gibt es jetzt gerade nicht; anaphorisches *nulla*, »keine«, betont den Gegensatz zu früher: keine Grausamkeit, kein Bürgerkrieg, sondern *pax certa* und *laetitia certa*, »sicherer Frieden« und »ungetrübte Freude« – ein Zustand, den die Bürger geradezu genießen (*frui*); sie sollten sich nicht in abgestandenen Klage-Parolen ergehen.

Die Pointe kommt, wie häufig, unerwartet. Die Sitten, die Caecilianus das Leben vermiesen – wenn es sich nicht bloß um unüberlegtes, reflexhaftes großmäuliges Gerede handelt –, sind nicht die sozusagen objektiv feststellbaren der Zeit, sondern die beim Subjekt Caecilianus angesiedelten. Er selbst ist der Störenfried, der Grund dafür, dass »die Zeiten« ihm unbehaglich, ja widerwärtig sind. Mit dem allgemeinen Klageruf dreht er Verantwortlichkeiten um, lenkt von sich ab und sucht die Schuld beim ›Zeitgeist‹. Das ist heuchlerisch und scheinheilig, und Martial lässt ihm das nicht durchgehen. Das letzte Wort des Epigramms stellt noch einmal klar, wer die ›Misere‹ des Caecilianus in Wirklichkeit auslöst: *tui*, du und »deine Sitten«.

10

GEGEN STÜMPER, VERSAGER UND DILETTANTEN

Zur Dichtung fühlten sich viele berufen, darunter auch so mancher, dem die Begabung fehlte. Der gefeierte Epigrammatiker Martial war sich nicht zu schade dafür, kräftig über Kollegen herzuziehen, die weniger erfolgreich waren als er. Tatsächlich war die literarische Szene in Rom hart umkämpft. Dort hatten viele Oberschicht-Angehörige ihren Wohnsitz, die lesen konnten, Zeit und Interesse hatten, zu Dichterlesungen zu kommen, über die Kaufkraft zum Erwerb der teuren Bücher verfügten und ›last, not least‹ als Mäzenaten infrage kamen. Von der Schriftstellerei allein konnten auch anerkannte Autoren kaum leben, da geistiges Eigentum im Altertum nicht geschützt war. Neben der Spottlust, unbegabte Möchtegern-Dichter durch den Kakao zu ziehen, schien es Martial offenbar auch angezeigt, die poetische Spreu deutlich vom Weizen zu trennen. Jedenfalls in einem grundsätzlichen Sinn, denn dass es sich bei den kritisierten Dichtern um die Namen realer Personen handelt, ist Martials erklärtem ›Programm‹ zufolge unwahrscheinlich.

In literarischer Hinsicht wird Theodorus seinem sprechenden Namen »Gottesgeschenk« nicht gerecht. An diesem Urteil lässt Martial keinen Zweifel aufkommen:

Non donem tibi cur meos libellos
oranti totiens et exigenti,
miraris, Theodore? Magna causa est:
dones tu mihi ne tuos libellos. (V 73)

Warum ich dir meine Büchlein nicht schenke,
obwohl du mich so oft darum bittest und es verlangst,
wunderst du dich, Theodorus? Es gibt einen
wichtigen Grund dafür:
Damit du mir nicht deine Büchlein schenkst.

Theodorus bittet dringend darum, Martials Gedichtbücher zum Geschenk zu erhalten. Das war unter Dichterkollegen durchaus üblich, und es spricht weniger Sparwille aus Theodorus' Bitte als Anerkennung für Martials literarisches Schaffen. Andere Poeten wären froh, wenn ihre Werke auf diese Weise anerkannt würden, zumal mit so häufiger und intensiver Nachfrage. Nicht so Martial, der seine Antwort noch spannender erscheinen lässt, indem er einen »gewichtigen Grund« ankündigt: Er schickt sein Geschenk nicht ab, um bloß kein Gegengeschenk zu erhalten. Theodorus sieht er auch nicht annähernd auf einer Stufe mit ihm selbst, und Höflichkeit wäre ein falsches Signal der Aufwertung. Eine arrogante Abfuhr? In gewisser Weise schon, aber sein Gegenspieler hat sie auch herausgefordert. Auf *häufiges* Bitten oder sogar Fordern hin muss man auch schon mal mit einem knallharten, verletzenden Nein rechnen.

Bei Pontilianus reicht indes eine einfache freundliche Nachfrage, um ihm sozusagen die Tür direkt vor der Nase zuzuschlagen:

Cur non mitto meos tibi, Pontiliane, libellos?
 Ne mihi tu mittas, Pontiliane, tuos. (VII 3)

Warum ich dir, Pontilianus, meine Büchlein
 nicht schicke?
 Damit du mir deine, Pontilianus, nicht schickst.

Das »Schicken« ließ sich auf diese Weise leicht unterbinden, und das dahinterstehende Qualitätsurteil ist vernichtend. Aber wenigstens nicht öffentlich wie der Gag, den sich Martial im Zusammenhang mit einer Dichterlesung im nächsten Epigramm erlaubt. Da es häufig zu den gesellschaftlichen Gepflogenheiten gehörte, an solchen Veranstaltungen teilzunehmen – erst recht, wenn man mit dem Vortragenden bekannt war oder als Literat vielleicht denselben Mäzen hatte –, musste man sich das manchmal antun. Anlässlich einer ziemlich heillosen ›Vorstellung‹ macht Martial einen bemerkenswerten Tauschvorschlag:

Quid recitaturus circumdas vellera collo?
 Conveniunt nostris auribus ista magis. (IV 41)

Warum legst du dir einen Schal um den Hals,
 wenn du rezitieren willst?
 Der passt besser für unsere Ohren!

Ein namenloser Dichter macht sich für seinen Auftritt bereit: Ein Schal um den Hals mag dazu dienen, seine Stimme zu schonen, vielleicht ist er aber auch ein Attribut künstlerischer Selbstdarstellung im Sinne der Unterscheidbarkeit von Konkurrenten. Egal, wozu er dient – aus Martials Sicht, der Schlimmes ahnt, wäre es in jedem Fall besser, die Zuhörer damit auszustatten – allerdings nicht um ihren Hals, sondern um ihre Ohren gewickelt. Das allein könnte sie vor den ›Verletzungen‹ schützen, die die Rezitation des Anonymus zu verursachen droht. Bedenkt man, was der Sinn eines Vortrages ist, lässt sich kein vernichtenderes Urteil darüber denken als »Ohren zu!«.

Cleverer im Sinne des Selbstschutzes geht Varus vor, ein äußerst produktiver Poet, der indes die Öffentlichkeit wohlweislich von seinen ›Ergüssen‹ ausschließt:

Cum facias versus nulla non luce ducenos,
Vare, nihil recitas. Non sapis atque sapis. (VIII 20)

Obwohl du an jedem Tag zweihundert Verse machst,
Varus, trägst du nichts vor. Geschmack hast du nicht,
Einsicht wohl.

Varus ist ein Vielschreiber. 200 Verse am Tag sind ein Quantum, bei dem man nicht viel nachdenkt und jede Selbstkritik vermissen lässt. Die führenden römischen Dichter ›schafften‹ nur wenige Verse pro Tag – und verwarfen sie dann unter Umständen wieder, weil sie den eigenen Qualitätskriterien nicht standhielten. 200 dagegen: Das war – nicht nur im übertragenen Sinne – Wahnsinn.

Dass Varus bei dieser Produktion bleibt, muss man ihm als Ausdruck von Geschmacklosigkeit und mangelnder

Einsicht auslegen. Derselbe Varus hat indes eine Art eingebauten Peinlichkeitsfühler. Im Unterschied zu den üblichen Gepflogenheiten verzichtet er darauf, seine poetische Produktion in Vorträgen zum Besten zu geben. Eine weise Entscheidung, lobt ihn Martial; in dieser ›Teildisziplin‹ steht Varus für Besonnenheit und Verstand. Indem er seine Dichtungen nicht vorträgt, beweist er letztlich Geschmack und poetische Zurechnungsfähigkeit. *Non sapis atque sapis*: Ein Oxymoron, bei dem das *non sapere*, »nicht verständig sein«, genauso zutrifft wie das *sapere*, »verständig sein«. Das Geheimnis dieses ›scharfsinnigen Unsinns‹ besteht darin, dass er sich auf zwei unterschiedliche Tätigkeiten bezieht. Das Verseschmieden ist angesichts der unterstellten Talentlosigkeit töricht; die schnell ›zusammengehauenen‹ Verse nicht öffentlich vorzutragen, ist ausgesprochen klug.

Langweilige Dichter nerven, langweilige Redner aber noch viel mehr. Denn ihnen kann man häufig in professionellen Zusammenhängen nicht entgehen. In Prozessen beispielsweise müssen die Gegenpartei, die Geschworenen und die Zuhörer sie einfach nur ertragen – wobei die freiwilligen Zuhörer die Einzigen sind, die sich dem ›Gelaber‹ durch Flucht aus dem Gerichtssaal entziehen können. Wie man quälend lange Plädoyers verkürzen könnte, dafür hat Martial einen innovativen Vorschlag:

Septem clepsydras magna tibi voce petenti
  arbiter invitus, Caeciliane, dedit.
At tu multa diu dicis vitreisque tepentem
  ampullis potas semisupinus aquam.
Ut tandem saties vocemque sitimque, rogamus
  iam de clepsydra, Caeciliane, bibas. (VI 35)

Sieben Wasseruhren, die du mit lauter Stimme verlangtest,
hat dir der Richter widerstrebend, Caecilianus, zugestanden.
Aber du führst vieles lang und breit aus und trinkst aus gläsernen
Ampullen in halb zurückgelehnter Haltung lauwarmes Wasser.
Wir bitten dich, endlich deiner Stimme und deinem Durst Genüge zu tun:
Aus der Wasseruhr, Caecilianus, trinke doch direkt!

Die Redezeit von Anklägern und Angeklagten wurde in der Maßeinheit »Wasseruhr« (*clepsydra*) festgelegt. Eine *clepsydra*-Einheit war etwa eine Viertelstunde lang. Der *causidicus*, »Anwalt«, in diesem Verfahren hatte seinen Antrag durchgesetzt: Sieben Wasseruhren – der vorsitzende Richter empfand das als sehr großzügig. Er hatte zunächst Bedenken (*invitus*), winkte den Antrag aber trotzdem durch. Ein spannendes Plädoyer? Das *at*, »aber«, zu Anfang von Vers 3 zeigt die Ernüchterung der meisten Beteiligten: Der Anwalt geht mit seinen Ausführungen sehr in die Breite und reiht einen Gesichtspunkt an den anderen (*multa*). Die Länge (*diu*) seiner Ausführungen ist ermüdend, und zwischendurch ›ölt‹ der Anwalt seine Stimme mit Wasser nach. Dessen Temperatur, *tepens*, »lauwarm«, ist bereits ein Ergebnis der weitschweifigen Darlegungen. Die Trinkpausen, die der ziemlich unerträgliche Redner ebenso regelmäßig wie selbstgefällig einlegt, strapazieren die Geduld der Zuhörer noch weiter: Sie wissen ja, dass der öde Sermon danach weitergehen wird.

Gibt es keine Rettung? Doch, fällt Martial ein, und er macht sich zum Sprecher aller anderen. *Rogamus*, »wir« machen dir, Caecilianus, einen Vorschlag und »bitten« dich – natürlich hauptsächlich aus Mitgefühl für dich, dein Wohlgefühl und deine Stimme: Nimm doch einfach als Durstlöscher und Stimmschoner einen ordentlichen Schluck aus der Wasseruhr! Die eigentliche Motivation des Vorschlages bleibt unausgesprochen, ist aber jedem mit den antiken Usancen Vertrauten klar: Dadurch läuft die Wasseruhr schneller zum Ziel – und der an Logorrhoe grenzende Redeschwall des Rechtsanwalts wird stark ›eingebremst‹.

Gehen wir zum Handwerk über und werfen wir einen Blick auf Ärzte. Sie gehörten nach Auffassung vieler Römer tatsächlich zu den Handwerkern (Varro, *Res rusticae* I 16,4). Cicero zählt sie immerhin zu den Vertretern der praktischen Intelligenz (*De officiis* I 151), aber vom heutigen Sozialprestige waren römische Ärzte weit entfernt. Und auch von der langjährigen Ausbildung und staatlichen Qualifikationsüberprüfung einschließlich einer offiziellen Approbation. Es gab auch keine geschützte Berufsbezeichnung: Arzt war, wer sich Arzt nannte und genügend Patienten hatte, um seinen Lebensunterhalt mit den Honoraren zu bestreiten. Half ein Arzt den Kranken auf Dauer nicht, so führte das zu einer ›Marktbereinigung‹, weil die Patienten abwanderten. Die Bandbreite ärztlicher Qualifikation war vermutlich größer als in den meisten anderen Berufen; sie schwankte zwischen Spitzenmedizinern und Quacksalbern, die mitunter nicht einmal lesen und schreiben konnten.

Diese Scharlatane boten sich natürlich als Spottobjekte für Satiriker geradezu an. Auch Martial griff bei diesem Motiv gern zu und spottete über berufliche Übergänge, die für gescheiterte Mediziner angeblich nahelagen.

Chirurgus fuerat, nunc est vispillo Diaulus.
Coepit, quo poterat, clinicus esse modo. (I 30)

Arzt war er zuvor, jetzt ist Diaulus Leichenträger.
Auf die Art, wie er es konnte, hat er seine Laufbahn als Klinen-Mann begonnen.

Den ›zwanglosen‹ Übergang vom Chirurgen zum Leichenträger schafft Diaulus als »Klinen-Mann«. Die griechische *klíne* war zum einen die »Liege« des Kranken (daher der deutsche Begriff »Klinik«), zum anderen die »Totenbahre«. In seinem Erstberuf als Arzt hat Diaulus gewissermaßen reichlich Klinen-Expertise gesammelt – auch, weil bei seiner Behandlung der Weg vom Krankenlager zur Totenbahre offensichtlich sehr kurz war. Dadurch hatte er das Vertrauen seiner Patienten verloren und musste seine Arztpraxis schließen. Kein Problem – in seinem Zweitberuf schloss der Spezialist für Doppelbegabungen (die Vorsilbe Di- bei seinem Namen bedeutet »zwei«) daran an: Nunmehr beförderte er Menschen nicht mehr auf *die* Totenbahre, sondern auf *der* Totenbahre …

Auch das nächste Epigramm ist Diaulus gewidmet. Es ist formal um einiges kunstvoller als das gerade besprochene.

Nuper erat medicus, nunc est vispillo Diaulus.
Quod vispillo facit, fecerat et medicus. (I 47)

Neulich war er noch Arzt, jetzt ist Diaulus
Leichenträger.
Was er als Leichenträger tut, hatte er auch
als Arzt getan.

Arzt und Leichenträger – das sind auf den ersten Blick zwei sehr unterschiedliche Tätigkeitsfelder und Qualifikationen. Aber Martial versteht es, sie durch stilistische Mittel einander anzunähern. Zwischen *nuper*, »neulich«, und *nunc*, »jetzt«, ist es nicht nur semantisch ein kurzer Weg, sondern auch phonetisch. Ebenso liegen *erat*, »war«, und *est*, »ist«, phonetisch nicht so ganz weit auseinander. Vor allem aber sind die beiden Sätze parallel gebaut und suggerieren so auch eine gewisse Parallelität der beruflichen Tätigkeiten.

Im zweiten Vers werden Diaulus' Berufsfelder früher und jetzt ganz eng aneinandergerückt. Das Verb *facere*, »tun«, erscheint in zwei unterschiedlich flektierten Formen. Der zeitliche Unterschied – Präsens und Plusquamperfekt – nimmt dabei die Adverbien »neulich« und »jetzt« aus Vers 1 wieder auf. Inhaltlich-semantisch gibt es indes keinen Unterschied. Das *facere*, »Handeln«, des Diaulus läuft auf das gleiche Ergebnis hinaus – nämlich einen Toten hinauszutragen: *Quod … et*, »was … auch«, versprachlicht diese Parallele. Nur oberflächlich passen die Berufe Arzt und Leichenträger nicht zusammen. Tatsächlich aber, so scheint es nach Martials kurzer ›Belehrung‹, sind sie nicht nur verwandt, sondern ergänzen sich. Was der Arzt Diaulus angefangen hat – seine Patienten vom Leben in den Tod zu befördern –, vollendet er als Leichenträger. Denn die Toten müssen aus der Welt der Lebenden verschwinden.

Eine konsequente berufliche Abfolge: Als *medicus* hat Diaulus produziert, was er als *vispillo* fortschafft.

Die Gefahr, die von inkompetenten Ärzten ausgehen konnte, zeigt Martial in drastischer Überspitzung am Beispiel des armen Andragoras auf:

Lotus nobiscum est, hilaris cenavit, et idem
 inventus mane est mortuus Andragoras.
Tam subitae mortis causam, Faustine, requiris?
 In somnis medicum viderat Hermocraten. (VI 53)

Gebadet hat er mit uns, in heiterer Verfassung mit uns gespeist, und ebendieser
 Andragoras wurde frühmorgens tot aufgefunden.
Fragst du, Faustinus, nach der Ursache eines so plötzlichen Todes?
 Im Traum hatte er den Arzt Hermokrates gesehen.

Ein angenehmer Tag im Leben von Oberschichtangehörigen: Erst ein gemeinsames Bad, dann ein fröhliches *convivium* im Kreise von Freunden. Nichts deutet darauf hin, dass der nächste Tag nicht ähnlich angenehm verlaufen wird. Doch dann die Katastrophe: Andragoras wird morgens tot in seinem Bett gefunden.

Was ist passiert? Lässt sich dieses unerklärliche Unglück doch irgendwie erklären? Martial greift die Fragen der Leser direkt in einem Kurz-›Dialog‹ mit Faustinus auf; die Spannung steigt. Der letzte Vers bringt den Aufschluss: Todesursache war ein nächtlicher Alp. Der Arzt Hermokrates war dem Andragoras im Traum erschienen. Eine Horrorvision, die Andragoras nicht überlebt. Besondere medizinische Erfolge hat Hermokrates offenbar nicht vorzuweisen; seine Stümperei scheint im Gegenteil allgemein bekannt. Und schlimmer noch: Dieser Typ tötet Menschen sogar schon als geträumte Vision!

Die Pointe erschließt sich einem modernen Leser nicht so rasch. Sie entfaltet ihre satirische Übertreibung nur auf dem Hintergrund mancher ärztlichen Scharlatanerie und der entsprechenden Kritik an diesen Scharlatanen. Wer einschlägige Epigramme Martials kennt, ist allerdings vorgewarnt und versteht, warum das bloße Träumen von einem berüchtigten Pfuscher zum nächtlichen Herzstillstand führen kann ...

»Avanti dilettanti« ist ein hübscher Spruch – und sicher auch berechtigt, wenn man »Liebhabern« einer Sache Mut machen will und nicht alles den Profis überlässt. Aber es gibt auch da Grenzen. Und die sind bei Attalus erreicht – findet Martial und illustriert das in einem durchaus aktuellen Epigramm:

Declamas belle, causas agis, Attale, belle,
   historias bellas, carmina bella facis,
componis belle mimos, epigrammata belle,
   bellus grammaticus, bellus es astrologus,
et belle cantas et saltas, Attale, belle,
   bellus es arte lyrae, bellus es arte pilae.
Nil bene cum facias, facias tamen omnia belle.
   Vis dicam, quid sis? Magnus es ardalio. (II 7)

Du hältst nette Übungsreden, Prozesse führst du,
   Attalus, nett,
   nette Geschichten, nette Gedichte machst du,

Sketche verfasst du nett, Epigramme nett,
ein netter Grammatiker, ein netter Astrologe bist du.
Du singst nett und du tanzt, Attalus, nett,
nett bist du im Lyraspiel, nett bist du im Ballspiel.
Obwohl du nichts gut machst, machst du trotzdem alles nett.
Soll ich dir sagen, was du bist? Du bist ein großer Windbeutel!

Attalus gibt sich als Multitalent. Ein Hansdampf in allen Gassen: Seine Kompetenzfelder sind hochrespektierte Tätigkeiten wie öffentliche Reden und Auftritte als Anwalt, ernsthafte literarische Genera wie Geschichtsschreibung und Dichtung, aber auch die leichte literarische Muse – Komödien und Epigramme –, ferner seriöse und weniger seriöse Studien wie literarische Erläuterungen als Grammatiker und Sterndeutung. Das alles sind Berufsfelder, die gewöhnlich eine langjährige Ausbildung erfordern. Die nächsten Kenntnisse beziehen sich auf den Freizeitbereich: Gesang, Tanz, Lyra- und Ballspiel. Auf das alles versteht er sich *belle*, »nett«; da dilettiert er »hübsch«. Gleich zwölfmal verwendet Martial das Wort als Adjektiv und Adverb – eine Monotonie, die nicht gerade Wertschätzung signalisiert. Dazu passt die einfache syntaktische Struktur, die in den ersten sechs Versen niemanden mit Nebensätzen überfordert und mit der Verwendung von Allerweltsverben wie *facere* und *esse* auch nicht gerade ambitioniert daherkommt. In dieser literarischen Schlichtheit spiegelt sich die ›Expertise‹ des Attalus. Er hat in vieles ›hineingerochen‹ und einiges aufgeschnappt, ohne allerdings irgendetwas gründlich zu beherrschen. Sein ›Metier‹ ist die Oberfläche, das ›Vordergründige-mal-dies-mal-jenes-Anpacken‹, aber eben keine Festlegung und keine tiefere Durchdringung einer Materie.

In den letzten beiden Versen bekommt er von Martial die Quittung dafür. Ein Zeugnis, bei dem der Unterschied zwischen *bene* und *belle* konstitutiv ist. »Gut« kann Attalus nichts, sondern alles nur »nett«. Auch *nil*, »nichts«, und *omnia*, »alles«, sind scharfe Gegensätze: Attalus wird als ›Nichtskönner‹ entlarvt. Und damit der »nette« Herr Attalus diese ›Nettigkeit‹ auch richtig versteht, redet Martial im letzten Vers Klartext. Mit dem allerletzten Wort bescheinigt er ihm, ein *ardalio* zu sein, ein »Müßiggänger, der Geschäftigkeit vortäuscht« – so eine Definition des Fabeldichters Phaedrus (II 5,1), ein »Wichtigtuer«, ein »Windbeutel«. Oder, modern ausgedrückt, einer, der es nicht richtig bringt. Das aber in jeder Hinsicht. Und in umfassender Weise. *Magnus*, »groß«, ist eigentlich ein Adjektiv, das man gern auf sich bezieht. Im Zusammenhang mit *ardalio* wirkt es nicht ganz so schmeichelhaft.

GEGEN VOYEURE, KLETTEN UND FERKEL

Thermen waren eine großartige Errungenschaft der römischen Zivilisation. Reiche Römer bauten sie vor allem in ihre Landsitze ein, aber auch die einfachen Leute bekamen überall in den Städten der römischen Welt die preiswerte, meist sogar kostenlose Gelegenheit, sich ab und zu ein paar Stunden lang in repräsentativen ›Badetempeln‹ zu erholen und *luxuria publica*, »öffentlichen Luxus«, zu genießen. Für den alltäglichen Hygienebedarf gab es kleinere, privat betriebene Bäder, *balnea*; die großen Thermenpaläste dagegen besuchte man, um in Becken mit kaltem, lauwarmem und warmem Wasser zu sitzen, sich mit anderen Badegästen zu unterhalten, in den Palästren Sport zu treiben, vor allem das Ballspiel, sich massieren zu lassen oder andere physiotherapeutische und hygienische Dienstleistungen zu nutzen oder auch kulturelle Angebote wie z. B. Dichterlesungen wahrzunehmen. Die *natationes*, »Schwimmbecken«, waren nicht für intensives Schwimmen ausgelegt. Wenn mehrere Personen im Wasser waren, wurde es schnell eng. Die eigentliche Attraktion der Thermen war –

der Name sagt es (*thermós*, griechisch »warm«) –, einige Zeit in ständig nachlaufendem, frischem Warmwasser zu verbringen oder im *sudatorium*, dem Saunabereich, ordentlich zu schwitzen. Thermen waren geradezu Inbegriff einer entspannten Freizeit, in der man aber auch das durch edle Materialien und anspruchsvolle Kunstwerke geprägte bauliche Ambiente genoss. Es machte die riesigen Thermenpaläste zu Verwöhnorten und Freizeitoasen, die zu den äußerst bescheidenen, beengten und vielfach schäbigen Wohnungen der meisten Besucherinnen und Besucher in einem eklatanten Kontrast standen.

Dass sich in der Menge der Badegäste auch manche unangenehmen Typen tummelten und man mit unerfreulichen Begegnungen – selbst mit der eigenen Figur – rechnen musste, verwundert nicht. Der Satiriker schaute genau hin und fand reichlich Stoff für seine Sottisen. »Mit Martial in den Bädern« – das könnte locker ein eigenes Bändchen füllen. Wir müssen uns hier auf einige wenige einschlägige Epigramme beschränken.

Der erste Zweizeiler ist wohl eher im Bereich der kleineren *balnea meritoria*, »Mietbäder«, angesiedelt, in denen ein Eintrittsgeld erhoben wurde. An der Kasse erlebt Spatale eine böse Überraschung:

Novit loturos Dasius numerare. Poposcit
mammosam Spatalen pro tribus – illa dedit. (II 52)

Dasius versteht sich darauf, die Badegäste richtig
zu zählen. Er forderte
von der vollbusigen Spatale den Eintritt für drei.
Sie bezahlte.

Dasius kassiert pro Kopf. Spatales riesige Brüste, findet er, gleichen zwei ›weiteren‹ Köpfen. Also zählt er sie mit und verlangt Eintritt für drei. Als Spatales Reaktion erwartet man Empörung und Beschimpfung des dreisten Kassierers – auch in Zeiten, die das noch nicht als sexuellen ›Angriff‹ und üble frauenverachtende Diskriminierung werteten. »Du hast sie ja wohl nicht mehr alle, Dasius!« wäre eine Antwort, die man auf seine Frechheit erwarten könnte. Tatsächlich aber geschieht das Gegenteil: Spatale fügt sich in ihr Schicksal und zahlt brav für drei. Das völlige Fehlen eines Widerstandes zeigt sich auch in der lakonischen Ausdrucksweise: Mit zwei Wörtern ist die Sache erledigt.

Ein Dummerchen, das sich da kräftig übers Ohr hauen lässt? So sieht es auf der Oberfläche aus. Das Epigramm hat indes eine zweite Verständnisebene, und die hat mit Sex zu tun. *Mammosa*, »vollbusig«, ist das eine Signalwort, der Name Spatale ein weiteres: *Spatalós* bedeutet im Griechischen nicht nur »üppig«, sondern auch »wollüstig«. Und *dare*, »geben«, ist häufig ein Terminus technicus für das Gewähren einer sexuellen Gunst. Selbst das Fordern »für drei« erhält in diesem Kontext eine sexuelle Konnotation: Die ›dreifache‹ Gefälligkeit, die Dasius von Spatale verlangt, bezieht sich bei dieser Interpretation auf drei verschiedene Sexualpraktiken: Vaginal-, Anal- und Oralverkehr. So jedenfalls die Interpretation von Stephan Busch (*Versus balnearum*, Berlin 1999, S. 493).

Zu viel in ein Gedichtchen hineininterpretiert? Manch einem mag es so vorkommen. Doch muss man bei Martial stets mit sexuellen Anspielungen rechnen. Ihm tut man sicher nicht Unrecht, wenn man diese tieferliegende Interpretationslinie aufzeigt. Sie muss nicht jedem einleuchten, aber von einer Überinterpretation ist sie weit entfernt.

Thermen verdankten ihre Beliebtheit, wie gesagt, der Wärme der Luft und des Wassers. Durch die Hypokaustenheizung, bei der unter dem Boden heiße Luft zwischen Ziegeltürmchen zirkulierte und mittels Hohlziegeln auch in die Wände aufstieg, konnten angenehm warme Temperaturen erreicht werden. In den Nero-Thermen waren die Böden in den Warmräumen so heiß, dass die Badegäste meistens Holzpantinen trugen. Wie konnte man die Temperatur dort notfalls herunterfahren? Martial hat einen Vorschlag:

Si temperari balneum cupis fervens,
Faustine, quod vix Iulianus intraret,
roga lavetur rhetorem Sabineium.
Neronianas is refrigerat thermas. (III 25)

Wenn du ein siedend heißes Bad temperieren willst,
Faustinus, in das selbst Julianus kaum hineinginge,
dann bitte den Rhetor Sabineius, dort zu baden.
Der kühlt sogar die Nero-Thermen ab.

Ein Witz auf Kosten eines ›großartigen‹ Berufsredners: Als *frigidus*, »kalt«, wurde ein Redner empfunden, der entweder allzu pathetisch tönte oder aber zu schlaff vortrug und seine Zuhörer langweilte. So einer ist Sabineius. Es macht zwar keinerlei Freude, seine Deklamationen anzuhören, aber er ist auf einem anderen Feld gut zu gebrauchen: Schick ihn in die Thermen – und schon sinkt die Temperatur dort gewaltig ab. Sabineius' ›Kälte‹ erfüllt den gesamten Raum!

Der ›Dresscode‹ in römischen Thermen war ein sehr einfacher: Man war nackt – auch da, wo *balnea mixta* praktiziert wurden, »gemeinsames Männer- und Frauenbaden«. Nur wenige Thermenbesucher trugen einen Lendenschurz und fielen damit auf. Kein Wunder, dass die Thermen unter diesen Umständen ein bevorzugtes Revier von Voyeuren waren – oder zumindest von Leuten, die die anderen Gäste und deren Körper mehr oder weniger kritisch unter die Lupe nahmen. Witze über körperliche Anomalien und Behinderungen waren in der Antike weniger tabuisiert als heute; selbst vor Gericht zogen Rechtsanwälte mitunter über körperliche *vitia*, »Mängel«, ihrer Gegner her. Einen auffälligen Wasserbruch mit großer Flüssigkeitsansammlung im Hoden ließen sich Spötter selten entgehen. In der Witzesammlung des Philogelos ist das ein gern aufgegriffenes Sujet. Und in den Thermen waren Betroffene offenbar nicht sicher vor Anzüglichkeiten und ›Gags‹ auf ihre Kosten. Als ›Spezialist‹ dafür galt Fabianus:

Derisor Fabianus hirnearum,
omnes quem modo colei timebant
dicentem tumidas in hydrocelas,
quantum nec duo dicerent Catulli,
in thermis subito Neronianis
vidit se miser et tacere coepit. (XII 83)

Fabianus, der Verspotter von Wasserbrüchen,
den gerade noch alle Hoden fürchteten,
wenn er über geschwollene Brüche herzog,
so schlimm, wie nicht einmal zwei Catulli höhnen
würden –

in den Thermen Neros sah er plötzlich
sich selbst, der Ärmste: und begann zu schweigen.

Die gehässige Zunge des Fabianus wird am Substantiv *derisor* sichtbar: ein so genanntes Nomen agentis auf *-or*, das jemanden bezeichnet, der eine Tätigkeit ständig oder gewerbsmäßig ausübt. Hier also das *deridere*, »Verlachen« oder »Verspotten« anderer Menschen. Entsprechend tief sitzt die Angst bei denen, die zu Zielscheiben seines üblichen Spotts über Wasserbrüche zu werden drohen: Die *colei*, »Hoden«, als betroffener Körperteil stehen da in vorderster Linie, als Pars pro Toto für ihren ›Träger‹. Diese von Scham diktierte Furcht ist nur zu berechtigt angesichts der Intensität und Bösartigkeit des Schandmauls. So viel Hohn und Häme würden nicht einmal zwei Catulli »zusammen kriegen«; gemeint sind der bekannte Dichter – Zeitgenosse Caesars –, der in der Tat kräftig polemisch auszuteilen verstand, und ein Mimendichter aus der Zeit Martials.

In den Nero-Thermen kommt der Spötter wohl zufällig an einem großen Spiegel vorbei, sieht sich plötzlich selbst und hört sofort auf mit dem Sticheln, Ätzen und Spotten: *Vidit* und *coepit* sind Perfektformen, die eine neu eintretende – durch *subito*, »plötzlich«, zusätzlich betonte – Handlung anzeigen, im Gegensatz zu dem durativen Imperfekt *timebant* in Vers 2, das die ständige Furcht der Opfer des Spötters zum Ausdruck bringt. Martial sagt nicht, warum Fabianus so unvermittelt verstummt. Aber *vidit se*, »er erblickte sich«, sagt in diesem Zusammenhang alles: Dem Spötter wird schlagartig klar, dass er selbst fortan als Wasserbruchträger das Spottobjekt seiner maliziösen ›Kollegen‹ sein wird.

Einen ganz anderen Anblick bietet ein gewisser Maro, der in allen Thermen häufiger Gast zu sein scheint:

Audieris in quo, Flacce, balneo plausum,
Maronis illic esse mentulam scito. (IX 33)

In welcher Badeanstalt du, Flaccus, Applaus hörst,
da sei sicher, dass Maros Schwanz da ist.

Wenn irgendwo in einem Bad ein großes Hallo mit begeistertem Beifall einsetzt, so passiert etwas Ungewöhnliches, das aber, weil es regelmäßig passiert, nichts Seltenes ist. Gegenstand des Beifalls ist – nein, nicht Maro, sondern seine *mentula*. Das ist durchaus ein obszöner Begriff, für den das deutsche »Schwanz« einigermaßen adäquat ist. Das ›Ding‹ ist offensichtlich so enorm, dass es spontanen Applaus auslöst: Anerkennung für Maro, über die er sich freuen darf? Nicht so ganz. Es ist ein ziemlich vergiftetes Kompliment, zumindest in der maliziösen Darstellung Martials. Von der Persönlichkeit Maros erfahren wir nichts, der Mensch steht ganz im Schatten seines Gliedes. *Das* macht ihn aus, *dem* verdankt er den Beifall. Reicht das aus, um Selbstbewusstsein aufzubauen? Oder bewirkt es eher das Gegenteil? Es hängt sicher auch von der Sozialisation und dem Bildungsgrad des Rezipienten ab, wie er diese Frage beantwortet. Besonders ›sophisticated‹ kommt die Gestalt des Maro nicht daher, wohl aber der Florettstich des scharfen Beobachters.

Aber ist das überhaupt ein realistisches Geschehen, das Martial da beschreibt? Oder doch eher ein phantasievoller Einfall des Satirikers? Es gibt einen überraschenden Paralleltext, der nahelegt, dass solche Szenen in römischen Thermen durchaus vorkamen – auch der eine Passage im fiktiven Roman des Petron, in dem sich indes die Alltagswirklichkeit oft zuverlässig spiegelt. Das Geschehen ist ebenfalls in einem Bad angesiedelt: »Da stand ein junger Mann, ganz nackt, denn er hatte seine Kleider verloren … Ihn umgab eine riesige Menge, die ihm applaudierte und ihn schüchtern bewunderte. Er hatte nämlich so gewaltig entwickelte Geschlechtsteile, dass der ganze Mensch wie ein Anhängsel seines Phallus-Amuletts aussah.« (Petron 92,5) *Ipsum hominem laciniam fascini crederes* steht da im Lateinischen, und man könnte den Eindruck gewinnen, es sei von Martials Maro die Rede …

Echte Voyeure zog es natürlich auch in die Thermen. Einem homosexuell ›Interessierten‹ liest Martial sehr derb die Leviten:

Spectas nos, Philomuse, cum lavamur,
et quare mihi tam mutuniati
sint leves pueri subinde quaeris.
Dicam simpliciter tibi roganti:
pedicant, Philomuse, curiosos. (XI 63)

Du schaust uns zu, Philomusus, wenn wir baden,
und fragst immer wieder, weshalb meine
glatten Jungs so gut bestückt sind.
Ich will dir auf deine Frage ganz einfach antworten:
Sie ficken, Philomusus, Neugierige in den Arsch.

Das dichterische Ich ist kaum mit dem tatsächlichen Martial gleichzusetzen, sondern meint irgendeinen wohlhabenden

Badegast, der sich von hübschen Sklaven begleiten lässt. Unbehaart (*leves*) und mit auffälligem Gemächt ›ausgerüstet‹, wecken sie das Interesse Homosexueller. Und im Fall des »Musenfreundes« Philomusus wohl auch einen gewissen Neid: Wie kommst du eigentlich an solche attraktiven Begleiter?, will er wissen – und erhält eine wenig dezente Antwort. Mit ihrem an den Gartengott Priapus erinnernden Riesenglied drohen sie dasselbe an, das Priap Eindringlingen in seinen Garten in Aussicht stellt: *Pedicare* ist ein obszöner Begriff, der mit dem deutschen »es jemandem von hinten besorgen« nur unzureichend wiedergegeben wird. So wie Diebe, die Früchte klauen wollen, von Priap sexuell aufgespießt werden – und dabei handelt es sich nicht um einvernehmlichen Sex! –, ergeht es auch lästigen Fragern in den Thermen. *Curiosos*, Akkusativ zu *curiosi*, »Neugierige«, als letztes Wort werden nicht nur grammatisch zum Objekt.

Auch beim Baden selbst stößt man Martial zufolge auf Mitmenschen, die einem den Spaß kräftig verleiden können. Ein typischer ›Fall‹ ist Zoilus:

> Zoile, quid solium subluto podice perdis?
> Spurcius ut fiat, Zoile, merge caput. (II 42)

> Zoilus, was versaust du das Becken, indem du deinen Hintern darin wäschst?
> Damit es noch schmutziger wird, tauche deinen Kopf unter!

Das *solium* war eine größere Badewanne im Warmwasserbereich der Thermen, in der mehrere Personen saßen. Das

Eintauchen des Hinterns war dabei unvermeidlich, wird aber von Martial als besonders ekelhafter Akt dramatisiert: *Sub-luere*, »unten herum waschen«, lenkt die Aufmerksamkeit auf Körperteile, die als nicht besonders hygienisch gelten. *Podex* ist – im Unterschied zu dem eher verharmlosenden deutschen Begriff – ein ziemlich vulgärer Ausdruck, der von *pedere*, »furzen«, abgeleitet ist (also eigentlich »Furzloch« meint), und *perdere* insinuiert ein aktiv-voluntatives Vorgehen, ein rücksichtsloses »Beschmutzen« des Wassers, in dem sich weitere Badegäste aufhalten. Das ist schon eine ziemlich drastische Beschreibung für ein grundsätzlich normales Verhalten. Denn es gibt keine Belege dafür, dass man sich regelmäßig individuell gereinigt hätte, bevor man in ein kollektiv gebrauchtes *solium* eintauchte.

Die fiesen Assoziationen sind indes nur die Folie für eine noch fiesere Vorstellung. Was könnte noch dreckiger sein als ein ungewaschener Hintern? Der moderne Rezipient rätselt darüber. Der kundige Martial-Leser indes nicht. Er kennt die regelrechte Obsession, mit der Martial in zahlreichen Epigrammen Homosexuelle angreift, die er als *fellatores* entlarvt. Indem sie das Glied ihres Sexualpartners ablecken, verunreinigen sie ihren Mund, so der Vorwurf, der das ›gemeinsame‹ Wasser von Badenden in noch üblerer Weise verschmutzt als ihr Hintern. Es liegt also eine Steigerung der ›Sauerei‹ vor, die mit dem letzten Wort ihren Höhepunkt findet: *caput*, »Kopf«.

In zahlreichen weiteren Gedichten dekliniert Martial diese Häme durch nach dem Motto ›immer auf die *pathici*‹, die »Unterlegenen«, »Dienstleister« in einer homosexuellen Beziehung. Was heute als eminent politisch inkorrekt gilt, stieß beim römischen Lesepublikum offenkundig auf eine Menge Beifall. Auf eine Minderheit verbal einzudreschen war in der römischen Zivilisation unproblematisch und löste keinen Shitstorm aus. Ob sich in solchen Epigrammen aber tatsächlich ein weit verbreiteter Ekel gegenüber Homosexuellen spiegelt, ist eher zu bezweifeln. Dass sie beim Zugang zu den Thermen auf Vorbehalte oder gar Widerstände gestoßen wären, ist aus anderen Quellen nicht zu erkennen.

GEGEN TRINKER

Ob Alkoholismus ein ernstes Problem der römischen Gesellschaft war, lässt sich aufgrund der Quellenlage nicht zuverlässig sagen. *Dass* es ihn gab – vor allem in der Oberschicht, die sich regelmäßigen starken Weinkonsum finanziell eher erlauben konnte als die ›kleinen‹ Leute –, steht außer Frage. Prominente Trinker waren Marc Anton, der Gegenspieler Octavians, des späteren Augustus, der Jüngere Cato, Idol der Stoiker und als ›letzter Republikaner‹ gefeiert, und wohl auch der Kaiser Tiberius. Woran erkannte man einen Alkoholkranken am ehesten? Indizien waren nicht nur eine überdurchschnittliche, gewohnheitsmäßige Quantität an Wein, sondern auch dessen ›Qualität‹. Die Römer kannten keine harten Alkoholika; das vom Volumenprozent höchste Maß der Dinge war *merum*, ungemischter Wein. Der hatte, da die Gärung nicht unterbrochen wurde, bis zu 17 % Alkohol. Üblicherweise verdünnte man ihn – mindestens – zur Hälfte mit kaltem oder warmem Wasser. Wer darauf verzichtete, galt als Wein-Junkie. Diese Messlatte legt auch Martial an, um Säuferinnen und Säufer zu ›identifizieren‹.

Freibier ist ein Angebot, bei dem viele Menschen heutzutage glänzende Augen bekommen. Das Pendant im alten

Rom war Freiwein. Den spendierte der Kaiser gelegentlich im Zusammenhang mit Theateraufführungen. Statt Biermarken gab es dort *nomismata*, »Weinmarken«. Ein gewisser Sextilianus verstand sich dabei auf das, was Eingeweihte heute als ›Rollgriff‹ bezeichnen: Er räumte bei den Wertmarken kräftig ab …

Cum data sint equiti bis quina nomismata, quare
  bis decies solus, Sextiliane, bibis?
Iam defecisset portantis calda ministros,
  si non potares, Sextiliane, merum. (I 11)

Während für Ritter zweimal fünf Weinmarken
    ausgegeben wurden, wieso
  trinkst du da als Einziger, Sextilianus, für zweimal
    zehn?
Schon wäre den Kellnern des Kaisers das warme
    Wasser ausgegangen,
  wenn du, Sextilianus, nicht ungemischten
    Wein tränkest.

Säufer wissen ziemlich gut, wie sie an ›Stoff‹ kommen können. So auch Sextilianus. Er hat die doppelte Menge an Wertmarken ergattert, die ihm eigentlich zustünde – und trinkt entsprechend kräftig. Aber er kompensiert diesen zusätzlichen Konsum durch eine Einsparung: Warmes Wasser zur Verdünnung benötigt er nicht. Zum Glück für die Kellner des Kaisers, kommentiert Martial ätzend. Mit der Wasserversorgung wäre es sonst knapp geworden – wenn, ja wenn Sextilianus sich nicht erbarmen und großzügig auf Wasser verzichten würde. Die Pointe liefert das letzte Wort: *merum*, »ungemischter Wein« – spätestens jetzt wussten römische Leser, zu welch wenig rühmlicher Minderheit Sextilianus gehört.

Das weibliche Pendant zu ihm ist Acerra. Der typische Weingeruch, der von ihr ausgeht, findet allerdings eine überraschende, wenn auch nicht gerade schmeichelhafte Erklärung:

> Hesterno fetere mero qui credit Acerram,
> fallitur: in lucem semper Acerra bibit. (I 28)

> Wer glaubt, Acerra stinke nach dem Wein von gestern,
> irrt sich. Bis es Tag wird, trinkt Acerra stets.

Die Leser werden auf eine kurze gedankliche Irrfahrt geschickt. Acerra riecht stark nach Wein, ja sie stinkt danach! *Fetere* ist ein drastischer Begriff, viel ekelerregender etwa als das normale *olere*, »riechen«. Die Vermutung liegt nahe, dass exzessiver Weinkonsum des Vorabends Acerra noch in den Kleidern hänge. Irrtum!, klärt Martial auf und darf auf die Neugier der ›Irrenden‹ rechnen. Falsch ist die ›Normalität‹, die sich mit dem zu Beginn des Epigramms prononciert gestellten *hesterno*, »gestrig«, verbindet. Sie wird durch *in lucem* korrigiert; »bis zum Licht des Tages«, »bis zum Anbruch des Morgens« pflegt Acerra zu trinken, und zwar *semper*, »stets«. Eine Variation des vielfach in der Literatur, aber auch der Kleinkunst verhöhnten Typus der ›trunkenen Alten‹, die hier zwar nicht als an die Flasche geklammert dargestellt wird, wohl aber als Trunksüchtige, die aufgrund exzessiv langer Besäufnisse, anachronistisch ausgedrückt, aus allen Knopflöchern nach Alkohol stinkt.

Andere Säuferinnen sind vorsichtiger. Eine Fescennia versucht, ihren Alkoholatem geruchlich zu neutralisieren, indem sie massenhaft Pastillen kaut, fällt aber auf, sobald »ein Rülpser aus tiefstem Schlund an die Oberfläche zurückkehrt« (I 87,4). Myrtale dagegen hält sich an Lorbeerblätter:

Fetere multo Myrtale solet vino,
sed fallat ut nos, folia devorat lauri
merumque cauta fronde, non aqua miscet.
Hanc tu rubentem prominentibus venis
quotiens venire, Paule, videris contra,
dicas licebit »Myrtale bibit laurum«. (V 4)

Zu stinken pflegt Myrtale von vielem Weinkonsum,
aber um uns zu täuschen, verschlingt sie Lorbeerblätter
und mischt, clever wie sie ist, den Wein mit Laub,
nicht mit Wasser.
Immer wenn du sie siehst, wie sie mit rotem Gesicht
und hervortretenden Adern
dir, Paulus, entgegenkommt,
wirst du mit Recht sagen können: »Myrtale hat
Lorbeer getrunken.«

Die Stigmatisierung der Myrtale als Säuferin leistet gleich der erste Vers: »Stinken« und »viel Wein« vermitteln eine eindeutige Vorstellung; *merum*, »ungemischter Wein«, in Vers 3 sowie das Bestreben, ihre Umwelt über diese Abhängigkeit hinwegzutäuschen, passen zudem ins Bild – und nicht zuletzt das aufgedunsene, rote ›Säufergesicht‹. Aber Myrtale bemüht sich, ihre Sucht zu tarnen; das *fetere*,

»Stinken« des Atems, bekämpft sie, indem sie jede Menge Lorbeer schluckt. *Devorare* vermittelt eine unschöne Vorstellung: Es bezeichnet ein hektisches Hinunterschlingen großer Mengen. Das Verb verbindet sich eher mit gefräßigen Tieren oder Monstern des Mythos als mit kultivierten Menschen. Eine weitere Spitze baut Martial in den dritten Vers ein: Das gemeinsame Schlucken von Wein und Lorbeerlaub ist ein »Mischen«; freilich ein ganz anderes, als das *miscere* als Terminus technicus sonst meint, nämlich die Verdünnung des Weins mit Wasser.

Non aqua: Auf den ›Wasser-Umweg‹ zur Trunkenheit verzichtet Myrtale gern. Wer ihr begegnet – Paulus dürfte ein ganz zufälliger Zeuge sein –, kann die ungewöhnliche Mischung von Wein und Lorbeer nicht ›überriechen‹. Das zu erwartende *merum*, »purer Wein«, ersetzt Martial am Ende durch *laurum* – so sehr prägt der Lorbeerverzehr Myrtales Atem. Ihre Tarnung hat insoweit Erfolg. Allerdings weiß jeder – viel Wein, rote Backen, hervortretende Adern sind ja nicht zu übertünchen –, was mit Myrtale los ist. Und Martial deutet mit der Pointe *laurum* maliziös ein weiteres Indiz an, das das im ersten Vers erwähnte *multum vinum* wiederaufnimmt. Es gab eine ganz berühmte Frau, die ebenfalls Lorbeerblätter kaute – und dadurch in Ekstase geriet. Das war die Pythia von Delphi, die, vom Gott besessen, die Zukunft mittels Orakelsprüchen weissagte. Und ebenso wie die Pythia befindet sich auch Myrtale im Rausch. Der ist jedoch, auch wenn Bacchus als Gottheit verehrt wurde, nicht ganz so überirdisch inspiriert …

Der nächste von Martial porträtierte Trinker hält sich zwar an das übliche Misch-Gebot, aber er macht diese Alkohol-Reduktion gewissermaßen wett durch große Mengen Wein:

Potor nobilis, Aule, lumine uno
luscus Phryx erat alteroque lippus.
Huic Heras medicus: »bibas caveto!
Vinum si biberis, nihil videbis.«
Ridens Phryx oculo »valebis« inquit.
Misceri sibi protinus deunces
sed crebros iubet. Exitum requiris?
Vinum Phryx, oculus bibit venenum. (VI 78)

Ein stadtbekannter Säufer, Aulus, namens Phryx
war auf einem Auge
blind, das andere triefte ihm.
Zu ihm sagte sein Arzt Heras: »Sei bloß vorsichtig
mit dem Trinken!
Wenn du Wein trinkst, wirst du nichts mehr sehen.«
Lachend sagte Phryx zu seinem Auge: »Alles Gute!«
Sofort ließ er sich einen halben Liter mischen,
das aber mehrmals. Willst du wissen, wie es ausging?
Wein trank Phryx, sein Auge aber Gift.

Das erste Distichon schildert die Ausgangssituation. Phryx wird deutlich als *potor nobilis*, »allseits bekannter Dauertrinker«, mit erheblichem Augenleiden vorgestellt. Augenkrankheiten waren in der Antike weit verbreitet; die Entzündung des einzigen Auges, mit dem er noch sah, hätten andere als Alarmsignal gedeutet. Mit Vers 3 kommt eine kurze Erzählung in Gang. Sein Arzt warnt Phryx explizit: Weiterer Weinkonsum wird zur Erblindung führen – das Futur *nihil videbis*, »du wirst nichts mehr sehen«, stellt die Prognose als sicher, ja geradezu unausweichlich hin und zeigt die Folgen einer Missachtung drastisch auf. Die Reaktion zeigt den Patienten keineswegs schockiert, sondern entspannt und belustigt: *Ridens*, »lachend«, als erstes Wort, macht klar, dass der die Warnung des Arztes nicht ernst nimmt. Er zieht sie mit einem doppeldeutigen Gruß an sein entzündetes Auge weiter ins Lächerliche: *Valebis* heißt »du wirst gesund sein«, aber auch »Tschüss!«, »leb wohl!« – es ist zum einen also die Bekräftigung seiner Überzeugung, das Auge werde den Pessimismus des Arztes wohl Lügen strafen, zum anderen aber auch vorsichtshalber der Abschiedsgruß ans Auge, wenn sich die ärztliche Prognose bewahrheiten sollte.

Misceri und *protinus* nehmen das *ridens* wieder auf. Phryx lacht und spottet nicht nur, er schreitet unmittelbar zur Tat, und zwar mit betont gestelltem »mischen lassen« unmissverständlich gegen den Rat seines Arztes. Mit *deunces*, »elf Zwölftel«, umgerechnet gut ein halber Liter, und *crebros*, »mehrmals«, setzt er sein riskantes Spiel mit der eigenen Gesundheit fort.

Damit ist die Geschichte zu Ende erzählt. Der Ausgang bleibt offen, der Leser unbefriedigt zurück. Mit einer kurzen Frage greift Martial die Neugier des Lesers auf – ein dialogisches Element, das zusätzliche Spannung aufbaut und den Aufschluss verzögert. Es folgt die Bestätigung, dass Phryx tatsächlich den bestellten Wein trinkt. Und sein Auge trinkt mit. Für das schon vorgeschädigte Organ aber erweist sich der Wein als *venenum*, »Gift«. Das letzte Wort des Epigramms erhärtet den ärztlichen Befund. Weitere Informationen zum *exitus*, »Ausgang«, der Geschichte benötigt der Leser nicht. Denn die Wirkung des Gifts hat

Heras seinem Patienten im wahrsten Sinne vor Augen gestellt: *nihil videbis*, »du wirst nichts mehr sehen«.

Es ist eine Binsenweisheit, dass kräftiger Weingenuss die Zunge lockert. Mahner wiesen im alten Rom darauf hin, dass Betrunkene sich in politisch repressiven Zeiten um Kopf und Kragen reden könnten. Im ›bürgerlichen‹ Leben waren die Gefahren für die redselige Zunge deutlich geringer, aber auch da wurden manche nicht so gern an das erinnert, was sie unter Bacchus' Regiment von sich gegeben hatten.

Omnia promittis, cum tota nocte bibisti;
mane nihil praestas, Pollio. Mane bibe! (XII 12)

Alles versprichst du, wenn du die ganze Nacht
durch getrunken hast.
Morgens aber hältst du dich an nichts mehr, Pollio.
Trink morgens!

Vermutlich spricht Martial hier aus der Perspektive des Klienten. Der freut sich auf Geschenke und Leistungen, die ihm sein Patron in weinseliger Laune versprochen hat. Am nächsten Morgen ernüchtert, ernüchtert er auch den erwartungsfrohen Nutznießer seiner Zusagen: Keine Erinnerung mehr daran! Der Vorschlag des enttäuschten Klienten hört sich schlicht und ingeniös zugleich an: Zwei Wörter, und das Problem ist erledigt. Einer logischen Überprüfung hält er indes nicht stand. Denn entscheidend für die Kluft zwischen Versprechen geben und Versprechen nicht einlösen ist das allmähliche Schwinden des Rauschzustandes. Und dessen Länge ist an die Intensität des Rausches gekoppelt, nicht aber an die Tageszeit.

GEGEN ÄRGERNISSE IM ÖFFENTLICHEN RAUM

Schenkt man dem Älteren Plinius Glauben, so war schon das frühe kaiserzeitliche Rom, was die Oberschicht anging, eine ›Bussi-Gesellschaft‹. Zur Begrüßung und manchmal auch zum Abschied küssten sich Bekannte auf die Wange. Mit dieser Gewohnheit erklärt Plinius das vermehrte Auftreten einer unschönen Knötchenflechte, die im Gesicht, aber auch am Hals und auf der Brust »scheußliche Schuppen« und Narben verursachte. Von dieser Hautkrankheit sei nur die ›feine‹ Gesellschaft betroffen gewesen – weil sich das Kussritual weitgehend auf sie beschränkt habe (*Naturalis historia* XXVI 2 f.).

Trotz dieser Erfahrung weitete sich das Küssen zur Begrüßung aus und erfasste auch andere Gesellschaftsschichten. Wie intensiv sich diese Mode durchsetzte, bleibt unklar. Denn was Kritiker wie Martial dazu sagen, ist nicht als 1 : 1-Beschreibung der Realität zu werten, sondern Ausdruck satirischer Übertreibung. Gleichwohl ist es ein Indiz dafür, dass die Zahl der *basiatores*, »Küsser«, zu seinen Lebzeiten deutlich angestiegen war und nicht nur für ihn ein

Ärgernis darstellte, das einen im Trubel Roms schnell erwischen konnte. Kaum hatte so ein *basiator* einen auf der Straße erspäht, ging er auch schon zum ›basiatorischen‹ Angriff über ...

Effugere non est, Flacce, basiatores.
Instant, morantur, persecuntur, occurrunt.
Et hinc et illinc, usquequaque, quacumque.
Non ulcus acre pusulaeve lucentes
nec triste mentum sordidique lichenes
nec labra pingui delibuta cerato
nec congelati gutta proderit nasi.
Et aestuantem basiant et algentem,
et nuptiale basium reservantem.
Non te cucullis adseret caput tectum
lectica nec te tuta pelle veloque
nec vindicabit sella saepius clusa:
rimas per omnis basiator intrabit.
Non consulatus ipse, non tribunatus
senive fasces nec superba clamosi
lictoris abiget virga basiatorem:
sedeas in alto tu licet tribunali
et e curuli iura gentibus reddas,
ascendet illa basiator atque illa.
Febricitantem basiabit et flentem,
dabit oscitanti basium natantique,
dabit cacanti. Remedium mali solum est,
facias amicum, basiare quem nolis. (XI 98)

Küssern zu entkommen – das ist, Flaccus, einfach
nicht möglich.
Sie bedrängen dich, halten dich auf, verfolgen dich,
kommen dir entgegen,
von hier und dort, jederzeit und überall.
Nicht ein offenes Geschwür oder unübersehbare
Pusteln,
nicht ein wenig einladendes Kinn und schmutzige
Flechten,
nicht Lippen, die mit fetter Wachssalbe eingeschmiert
sind,
nicht der Tropfen an der eingefrorenen Nase werden
dir nützen.
Sie küssen einen ab, ob man schwitzt oder friert
und auch den, der sich das Küssen für den Hochzeits-
kuss aufsparen will.
Nicht wird dich schützen, wenn du deinen Kopf in
einer Kapuze verbirgst,
auch nicht die Sänfte, die durch Leder und Vorhang
abgeschirmt ist,
auch nicht der Tragsessel, der mehrfach verschlossen ist:
Durch alle Lücken wird der Küsser einen Weg finden,
um einzudringen.
Nicht einmal das Konsulat, nicht die Stellung als
Tribun
oder die sechs Rutenbündel und die herrische Rute des
laut schimpfenden Liktors werden den Küsser
fernhalten.
Magst du auch auf hohem Richterstuhl sitzen
und vom kurulischen Sessel aus den Völkern Recht
sprechen,

hinaufsteigen wird auch hierhin der Küsser und auch
dorthin.
Er wird dich küssen, wenn du Fieber hast und wenn
du weinst.
Küssen wird er dich, wenn du gähnst und wenn du
schwimmst.
Küssen wird er dich, wenn du kackst. Das einzige
Heilmittel gegen dieses Übel
ist dies:
Mach dir zum Freund den, dessen Küsse du nicht willst.

Das ›Verderben‹ lauert überall (Vers 3), wird aber auch geradezu hyperaktiv von den üblichen Verdächtigen praktiziert: Gleich vier Verben in Vers 2 präzisieren die Unvermeidlichkeit des widerlichen Körperkontakts – keine Chance, den Bedrängern und Verfolgern zu entgehen!

Oder vielleicht doch, wenn der Kontakt reichlich unhygienisch ist? Schützen Ausschlag, Pusteln, Lippenfett, eine tropfende Nase und dicke Schweißperlen jemanden vor einer Kuss-›Vergewaltigung‹? Die Antwort nimmt der erste Vers vorweg: *effugere non est basiatores*, »Küssern kann man nicht entkommen«. Oder was ist mit einem verhüllenden Kleidungsstück, einer abgeschirmten Sänfte, einem geschlossenen Tragesessel? Auch nicht; *basiatores* finden immer irgendwo eine Ritze, um ihre Lippen oder ihre Zunge durchzustecken. Auch vor Amtspersonen macht die Küsserei nicht halt. Weder die Rutenbündel des Liktors als Zeichen magistratischer Gewalt noch der erhöhte Sitz des Richters schrecken sie ab. Es sind teilweise höchst amüsante Slapstickszenen, die Martial da beschreibt – für die Opfer der Kusswütigen allerdings nicht ganz so amüsant. Das gleiche Ärgernis bei Beschäftigungen, die ein Geküsstwerden eigentlich nicht zulassen. Wer gähnt und wer Tränen vergießt, ist für Begrüßungsküsse alles andere als bereit, ebenso derjenige, der schwimmt oder auf dem Klo sitzt.

Natürlich lebt das alles von einer unrealistischen Zuspitzung, aber es sind köstliche Vorstellungen, die das Abstruse und Abschreckende der Bussi-Manie überaus plastisch illustrieren. Wer das liest, gerät geradezu in Angst, von einem dieser furchtbaren, vor nichts zurückschreckenden *basiatores* heimgesucht zu werden. Gibt es denn wirklich nichts, das einen vor diesem *malum*, »Übel«, »Unglück«, schützt? Doch, löst Martial die Spannung, *ein* »Heilmittel«, *remedium*, gegen dieses Kuss-*malum* verspricht Abhilfe: Mach dir den Küsser einfach zum Freund! Was diese Pointe aussagt, ist bei den Kommentatoren umstritten. Es spricht indes einiges dafür, dass das aufdringliche Küssen, das ähnlich wie das heute verbreitete schnelle Duzen für rasche Intimität sorgen soll, in dem Moment uninteressant wird, da es der üblichen Norm entspricht. Der Kuss unter Freunden ist üblich, aber irgendwie auch langweilig, da er zum Alltag gehört. Der Reiz des Alltäglichen ist wenig prickelnd; da kann man aufs Küssen auch schon mal verzichten …

Immerhin, manchmal hat man noch die Wahl – wenngleich es im Alltag schwer vorstellbar ist, dass jemand vorher fragt, wie er den anderen begrüßen soll. Postumus ist indes keiner der Draufgänger-*basiatores*:

Basia das aliis, aliis das, Postume, dextram.
  Dicis: »Utrum mavis? Elige!« Malo manum. (II 21)

Küsse gibst du den einen, den anderen, Postumus,
gibst du die Hand.
Du fragst: »Was ist dir lieber? Wähl aus!«
Ich ziehe die Hand vor.

Für Postumus ist das natürlich eine bittere Abfuhr. Eigentlich kann er sicher sein, dass der andere die größere Intimität des Kusses als soziale Auszeichnung annimmt. Der Satiriker setzt jedoch wie so oft auf das Unerwartete – und das auch noch in einer lakonischen Kürze, die seine Wahl nicht durch eine Erläuterung oder Entschuldigung abfedert. Er fertigt Postumus mit zwei dürren Worten ab.

Was steckt hinter dieser herben, wenig höflichen Reaktion? Offenbar doch die *Absicht*, Postumus zurückzuweisen, ihn vor den Kopf zu stoßen. Die grundsätzliche Ablehnung des Küssens durch Martial greift als Erklärung wohl zu kurz; da könnte die Kränkung mit ein paar allgemeinen Worten abgemildert werden. Für ›geübte‹ Martial-Leser erklärt sich die Schärfe der Reaktion anders. Sie wissen aus vielen Epigrammen, wie heftig, ja geradezu obsessiv der Satiriker gegen das *os impurum* polemisiert, den aufgrund von Fellatio oder Cunnilingus »unreinen Mund«. Der ist für ihn bei entsprechenden Sexualpraktiken der widerwärtigste, schmutzigste Körperteil – noch vor dem Genitalbereich. Wenn er sich kurz angebunden und entschlossen für dessen Hand entscheidet, setzt er Postumus zumindest dem Verdacht aus, zu der im wahrsten Sinn des Wortes anrüchigen Oralsex-›Gemeinde‹ zu gehören. Und das wirkt, weil es mit keiner Silbe ausgesprochen wird, besonders fies.

Deutlich offener geht Martial mit dem Ärgernis um, das

ein Zeitgenosse auf dem Kapitol, dem ›heiligen‹ Burgberg und kultischen Zentrum Roms, verursacht:

Multis dum precibus Iovem salutat
stans summos resupinus usque in ungues
Aethon in Capitolio, pepedit.
Riserunt homines, sed ipse divom
offensus genitor trinoctiali
adfecit domicenio clientem.
Post hoc flagitium misellus Aethon,
cum vult in Capitolium venire,
sellas ante petit Paterclianas
et pedit deciesque viciesque.
Sed quamvis sibi caverit crepando,
compressis natibus Iovem salutat. (XII 77)

Während er mit vielen Bitten Jupiter ansprach,
auf Zehenspitzen leicht nach hinten gebeugt stehend,
entfuhr Aethon auf dem Kapitol ein Furz.
Die Menschen lachten, aber der Vater der Götter
war persönlich beleidigt und bestrafte
den Klienten mit dreimaliger Hauskost.
Nach diesem skandalösen Vorfall sucht der arme Aethon,
wenn er aufs Kapitol kommen will,
vorher die Latrine des Paterclius auf
und furzt zehn- und zwanzigmal.
Aber wie sehr er sich auch vor einem weiteren Knall
abgesichert hat,
spricht er Jupiter doch nur noch mit zusammen-
gepressten Pobacken an.

Auf den ersten Blick ist das ein komischer Vorfall, wie da dem sich reckenden Aethon beim Gebet ein Furz entfährt. Die Reaktion der Umstehenden ist entsprechend: Sie lachen, zumal Aethon ein ziemlich ordentlicher ›Knall‹ entwichen sein muss, wie Vers 10 andeutet (*crepando*). Allerdings ist diese akustische und olfaktorische Umweltbelästigung doch nicht so auf die leichte Schulter zu nehmen. Sie ereignet sich an einem der würdevollsten, dem ›besten und größten Jupiter‹ geweihten Ort, der *area Capitolina*, auf der und in deren unmittelbarer Nähe sich zahlreiche Tempel, Altäre, Götterbilder, Statuen und Siegestrophäen befanden. Tatsächlich spricht Martial auch von einem *flagitium* (Vers 7); das ist ein »entehrendes«, »schändliches Vergehen«, ein »Skandal« – auch wenn bei Aethon keine Absicht im Spiel ist. Mit *misellus*, »kleiner, armer Aethon«, wird dessen Schuld zwar abgemildert. Aber Jupiter selbst ist ›not amused‹. Das von Martial augenzwinkernd ›verkündete‹ Strafmaß heißt: Drei Tage lang muss Aethon sich zu Hause selbst verköstigen, darf nicht zur *cena* auswärts eingeladen werden – tatsächlich wohl eher die Quittung für die Blamage, die der *patronus* seinem Klienten geschickt hat.

Aethon aber ist der Schrecken in alle Glieder gefahren, und er ist lernfähig. Vor seinen nächsten Besuchen auf dem Kapitol sucht er eine öffentliche Bedürfnisanstalt auf und lässt dort die aufgestauten Winde ab; »zehn- bis zwanzigmal« ist natürlich eine sarkastische Übertreibung, die aber Aethons Entschlossenheit signalisiert, sich nicht erneut in der ›sakralen‹ Öffentlichkeit als Furzer zu blamieren. Gleichwohl: Eine tiefe Verunsicherung bleibt bei ihm zurück. Nicht noch einmal will er wegen ›Erregung öffentlichen Ärgernisses‹ auffallen, und so absolviert er seine Besuche beim Chef der Götter nur noch mit zusammengekniffenen Hinterbacken.

Als letztes Ärgernis im öffentlichen Raum wenden wir uns einem Schulmeister zu. Der Lehrer als Ärgernis – das ist für viele keine unvertraute Vorstellung. Aber wieso im öffentlichen Raum? Die Paukerei findet doch normalerweise hinter verschlossenen Türen statt. Nicht so im alten Rom. Da gab es eine Reihe von Open-Air-Schulen, bei denen der Unterricht im Freien, in einer Säulenhalle oder hinter einem von der Straße abgeteilten Vorhang stattfand. Und das mit den entsprechenden akustischen Unterrichts-Immissionen, die umso penetranter waren, je stärker sie gegen die ›Begleitmusik‹ durch Passanten, fliegende Händler, hämmernde Handwerker, Straßenmusikanten und andere Lärmquellen ankämpfen mussten. Das allerdings gelingt dem von Martial verfluchten Lehrer mithilfe seiner Stentorstimme nur zu gut:

Quid tibi nobiscum est, ludi scelerate magister,
  invisum pueris virginibusque caput?
Nondum cristati rupere silentia galli,
  murmure iam saevo verberibusque tonas.
Tam grave percussis incudibus aera resultant,
  causidicum medio cum faber aptat equo.
Mitior in magno clamore furit amphitheatro,
  vincenti parmae cum sua turba favet.
Vicini somnum – non tota nocte – rogamus:
  nam vigilare leve est, pervigilare grave est.
Discipulos dimitte tuos! Vis, garrule, quantum
  accipis, ut clames, accipere, ut taceas? (IX 68)

Was haben wir miteinander zu tun, du verdammter Schulmeister?
Knaben und Mädchen ist doch dein Kopf verhasst.
Noch haben die kammtragenden Hähne die Stille nicht unterbrochen,
da donnerst du schon los, mit wütendem Gebrüll und Schlägen.
So erschallt schwer das Erz, wenn der Amboss kräftig geschlagen wird
und der Schmied die Statue des Anwalts an das Pferd anpasst.
Sanfter tobt der Lärm im Rund des Amphitheaters,
wenn die Schar der Anhänger dem siegreichen Schild zujubelt.
Schlaf erbitten wir Nachbarn – genug wäre uns ein Teil jeder Nacht –,
denn mal wach zu sein, ist leicht, schwer aber, schlaflos zu sein.
Schick deine Schüler nach Hause! Willst, Schwätzer, du so viel bekommen,
wie du bekommst, dass du schreist, dafür, dass du endlich schweigst?

Open-Air-Schulen verursachen Lärm; das ist der eine Ärger Martials. Der zweite ist, dass der Schulunterricht so früh am Morgen beginnt, wenn ein Teil der Bevölkerung noch schläft. Auch an anderen Stellen ist der laute Lehrer für ihn eine Hassfigur, *clamosus*, »Schreihals«, und *matutinus*, »Frühaufsteher«, bilden eine unheilige Allianz (V 84,2; IX 29,7). Ja, Martial behauptet sogar, dass »die Lehrer einem frühmorgens das Leben unmöglich machen« (XII 57,4 f.). Es muss also schon etwas daran sein, warum Martial den Schulmeister als geradezu verbrecherisch (*sceleratus*, Vers 1) verunglimpft. Tatsächlich bestätigen andere Quellen den frühen Unterrichtsanfang teilweise im Morgengrauen – ohne dass indes die ›konkurrierenden‹ Hähne damit wirklich übertrumpft worden wären.

Gewiss ist es eine Übertreibung, wenn das ›Donnern‹ des Lehrers mit dem Schmieden von Metall auf dem Amboss und dem Riesenkrach verglichen wird, der aus dem Kolosseum drang, wo mehrere Zehntausend Zuschauer die Gladiatorenkämpfe akustisch begleiteten, und wenn das *tonare* des Schulmeisters diese Lärmquellen angeblich sogar noch übertrifft. Aber gefürchtete Krachmacher waren die in den Open-Air-Schulen Unterrichtenden schon. Zum einen mussten sie, wie gesagt, gegen verschiedene Lärmquellen der Umgebung anschreien, zum anderen war die Methodik des Unterrichts auf Lautstärke getrimmt: Der Lehrer trug alles mit lauter Stimme vor, die Schüler sprachen vieles im Chor nach. Und der monotone, wenig motivierende Unterricht, der Schülern kaum Freiraum und ›Auslauf‹ ließ, ihre Spontaneität unterdrückte und jede Menge Langeweile produzierte, führte zu Ablenkung und ›Gequatsche‹. Das wiederum musste der Lehrer übertönen bzw. durch Schimpfen und Drohen abzustellen versuchen – und durch den Einsatz der stets bereitliegenden *ferula*, »Gerte«. Körperliche Züchtigung der Schüler war üblich und führte zur nächsten schulischen Lärmemission: dem Geschrei der Geschlagenen und nicht selten wohl auch dem Gejohle der anderen, das die Schläge begleitete.

Die Unerbittlichkeit, mit der die Grundschullehrer das bestraften, was sich aus ihrer Sicht als Disziplinlosigkeit und Fehlleistung darstellte, führte bei vielen Schülern zu dem von Martial drastisch formulierten Lehrerbild: *invisum caput* (Vers 2), ein »verhasster Kopf«, eine »Hassfigur«. Andere Berichte bestätigen, dass schulisches Lernen vielfach als Qual empfunden worden ist. Mit der eigentlichen Bedeutung »Spiel« hatte dieser *ludus* genannte Elementarunterricht wenig bis nichts zu tun – abgesehen von einigen ›Reformpädagogen‹, die tatsächlich spielerische Ansätze verfolgten.

Das Martial-Epigramm ist im Übrigen ein wichtiger Beleg für die Anwesenheit auch von Mädchen in einem koedukativ angelegten Unterricht. Sie waren allerdings sicher in der Minderheit. Auch einige wenige Sklavenkinder drückten gemeinsam mit den freien Schülerinnen und Schülern die Schulbank. Ihre Herren bezahlten das Schulgeld, um auf besser qualifizierte Unfreie zurückgreifen zu können.

Apropos Schulgeld. Das bildet die sachliche Grundlage für die Pointe. Schulbildung war im Altertum reine Privatsache. Wer sein Kind zum *magister* schickte, musste den Lehrer dafür bezahlen – wobei es mit der Zahlungsmoral vieler Eltern nicht zum Besten stand. In Martials polemischer Darstellung wird der Lehrer fürs *clamare*, »Schreien«, bezahlt; in *garrulus*, »Schwätzer«, spiegelt sich die stark lehrerzentrierte Unterrichtsmethodik mit ihrem hohen Sprechanteil des Unterrichtenden. Eben dieses Lehrergeschrei ist, wo es im Freien stattfindet, Martial zufolge eine akustische Umweltverschmutzung, die für die Nachbarn kaum zu ertragen ist. Der Satiriker macht sich zum Fürsprecher all dieser Lärmgeschädigten und bietet dem Lehrer ein Alternativhonorar an: Nicht mehr sollen die Eltern ihn fürs Schreien bezahlen, sondern die Nachbarn fürs Schweigen. Zumindest bei einer einmaligen Spontankollekte wäre da wohl einiges zusammengekommen …

14

GEGEN GESELLSCHAFTLICHE MINDERHEITEN UND VOM SCHICKSAL HART GETROFFENE

Wie weit darf Spottlust gehen? Wo verlaufen rote Linien, hinter denen Hetze, Häme oder gar Menschenverachtung aufscheinen? Auf diese Fragen antwortet jede Zeit unterschiedlich. Dank Werten und Konzepten wie Menschenrechte, Menschenwürde, Minderheitenschutz und politische Korrektheit sind wir heute sehr viel sensibler geworden – jedenfalls in der öffentlichen Wahrnehmung von Verletzungen und Übertretungen –, der die so genannten sozialen Medien allerdings nur sehr bedingt unterliegen. Das antike Rom kannte die erwähnten Konzepte nicht und deshalb auch nicht die von ihnen eingeforderte Sensibilität. Man war bedeutend ›großzügiger‹, wenn es darum ging, sich über Andersartige, Behinderte, sexuell in der allgemeinen Meinung ›Deviante‹ sowie gesellschaftliche und soziale Randgruppen lustig zu machen.

Martial war da keine Ausnahme. Im Gegenteil. Es gibt eine Reihe von Epigrammen aus seiner Feder, die heute unter das Verdikt der Menschenverachtung fallen, und es gibt äußerst derben Spott, der ins Zynische abgleitet. Damit war er ein Kind seiner Zeit; seine Dichtung reflektiert auch in diesem Bereich die vorherrschende Mentalität. Wenn Martial weit unterhalb der heutigen ›Gürtellinie‹ zuschlug, erntete er indes keinen Shitstorm, sondern eher Beifall. Zur historischen Wahrhaftigkeit gehört es, auch diese Seite seiner Dichtung zu dokumentieren. Wir beschränken uns allerdings auf einige wenige Beispiele.

»Mancher Reiche«, berichtet der Rhetorik-Professor Quintilian kopfschüttelnd, »zieht es vor, alles Mögliche zu erwerben, was wider die Natur ist.« (*Declamationes minores* 298) Gemeint sind damit Menschen mit körperlichen Anomalien, aber auch geistig Behinderte. Dafür gab es in Rom sogar einen eigenen »Markt der Missgeburten« (Plutarch, *Moralia* 520C). Seit dem 1. Jh. n. Chr. fanden Angehörige der Oberschicht es chic, solche Menschen als Statussymbole zu erwerben und sie ihren Gästen auf Partys vorzuführen – aus heutiger Sicht eine besonders widerliche Form der Ausbeutung und Erniedrigung. Kretins, die am besten noch missgestaltig waren, galten auf manchen *convivia* als der letzte Schrei der ›Unterhaltung‹; man lachte über deren blödsinnige Späße – und freute sich daran, dass einem selbst dieses Schicksal erspart geblieben war. Wie groß die ›Fangemeinde‹ dieser perversen Vergnügungen war, wissen wir nicht. Sicher war es auch unter denen, die sich solche *deliciae*, »Lieblinge«, leisten konnten, nur eine Minderheit. Aber die Mode war doch verbreitet genug, um Martial zu einem geschmacklosen Zweizeiler zu inspirieren:

Morio dictus erat: viginti milibus emi.
Redde mihi nummos, Gargiliane: sapit. (VIII 13)

Als Idiot war er bezeichnet worden. Für zwanzig-
tausend habe ich ihn gekauft.
Gib mir mein Geld zurück, Gargilianus: Er hat
Verstand.

Morio – das ist der »Narr«, an dessen Blödheiten seine Eigentümer, aber auch ganze Tischgesellschaften ihren Spaß hatten. Allerdings waren nicht alle Gäste von solchen Einlagen begeistert. Der Jüngere Plinius beklagt sich heftig über ein *convivium*, bei dem sich u. a. »*moriones* an den Tischen herumtrieben« – geschmacklos, ja ekelhaft findet er das und berichtet, dass manche Leute nach ihren Schuhen verlangt und die Gesellschaft verlassen hätten (*Epistulae* IX 17,1–3). Aber es gab genügend Gäste, die dablieben und den Quatsch der intellektuell unterbelichteten Clowns genossen.

Das dichterische Ich Martials hat sich dieser modischen Strömung angeschlossen und auf dem Sklavenmarkt einen *morio*, »Blödmann«, erworben. Und das für 20 000 Sesterze, ein Vielfaches dessen, was ein einfacher Arbeiter als Jahreslohn erhielt. Dann aber die Enttäuschung: Der ist ja gar nicht blöd! Ein Fehlkauf, der wegen Vorspiegelung falscher ›Qualifikationen‹ rückgängig zu machen war. »Money back!«, schreit der betrogene Käufer, wenn man es in moderner Diktion formulieren will – und begründet diese Forderung mit der Pointe im letzten Wort: *sapit*, »der ist ja zurechnungsfähig!«. Das widerspricht dem ersten Wort des Epigramms auf eine Weise, die nicht zu widerlegen ist: *Mo-*

rio und *sapit* sind diametrale Gegensätze. Wobei das Perverse in der ›Wertermittlung‹ liegt. Ein verständiger Sklave sollte normalerweise erheblich mehr wert sein als ein schwachsinniger. In der normalen bürgerlichen Welt ist der *sapiens* dem *morio* ja haushoch überlegen. Nicht aber in der kruden Logik eines Unterhaltungsbusiness, das Kretins als ›Rarität‹ höher bewertet als verständige Menschen …

Behinderte waren in der römischen Gesellschaft vor Spott nicht sicher. Manche Spitznamen, die aus körperlichen Einschränkungen und Besonderheiten hervorgingen, entwickelten sich zu Cognomina, »Beinamen«, die über viele Generationen vererbt wurden. So ist der berühmte »Vater« der römischen Republik, Brutus, seinem Namen zufolge ein »Dummkopf«, »Blödmann«. Crassus ist ein »Fettsack«, Balbus ein »Stotterer«, Plautus ein »Plattfuß«, Strabo ein »Schieler« und Varro, der größte Universalgelehrte Roms, ein »Einfaltspinsel«.

Man könnte daraus auch auf einen unbefangeneren Umgang mit physischen und intellektuellen ›Defekten‹ schließen, aber das Moment der Beleidigung war doch sofort präsent, wenn solche Beinamen im politischen Tageskampf als Munition eingesetzt wurden. Mit Witzen über die Behinderung eines Gegners vor Gericht zu punkten war durchaus üblich und wurde vom Vorsitzenden nicht unterbunden. »Auch Hässlichkeit und körperliche Mängel bieten hübschen Stoff, um Witze zu machen«, lässt Cicero einen Gesprächspartner in seinem Lehrbuch *De oratore, Über den Redner*, sagen (II 239). Und gegenüber seinen eigenen ›Lieblingsgegnern‹ wandte Cicero dieses Mittel der Verächtlichmachung durchaus skrupellos an.

In diesem Umfeld ist es wenig verwunderlich, wenn

auch der Epigrammatiker ab und zu seinen Spottkübel über Behinderte ausgießt. Augenkrankheiten waren in der Antike weit verbreitet, auch die daraus hervorgehende (partielle) Erblindung. Über einäugige Frauen macht sich Martial des Öfteren lustig:

»Thaida Quintus amat.« – »Quam Thaida?« –
»Thaida luscam.«
»Unum oculum Thais non habet, ille duos.« (III 8)

»Quintus liebt Thais.« – »Welche Thais?« –
»Die einäugige Thais.«
»Thais fehlt ein Auge, ihm fehlen zwei.«

Liebe macht blind – diese Metapher findet sich schon bei Platon (*Nomoi* 731e), und sie war auch bei den Römern allgemein bekannt. Die Pointe des Epigramms beruht auf dieser metaphorischen Blindheit des Quintus. In einem Kurzdialog wird er als Liebhaber einer Thais vorgestellt, deren Merkmal ihre Einäugigkeit ist. Diesen ›Makel‹ übersieht Quintus geflissentlich; er erkennt die durch die Behinderung verursachte eingeschränkte Attraktivität seiner ›Flamme‹ nicht und übertrifft sie damit an Blindheit. Während sie noch 50 % Sehkraft hat, ist Quintus zu 100 % blind. Blind vor Liebe, blind für die ›Hässlichkeit‹ der einäugigen Frau.

Man mag die Pointe dieses Epigramms noch für ›sophisticated‹ halten – im nächsten Epigramm legt Martial indes das satirische Florett beiseite und holt den polemisch-verletzenden Hammer heraus:

Quam sit lusca Philaenis indecenter,
vis dicam breviter tibi, Fabulle?
Esset caeca decentior Philaenis. (XII 22)

Wie hässlich die einäugige Philaenis ist,
willst du, dass ich's dir ganz kurz sage, Fabullus?
Blind wäre Philaenis hübscher.

Im Kurzgespräch mit Fabullus wird der ›Defekt‹ der Philaenis allein von der Außenwirkung her betrachtet. Was der halbe bzw. dann ›vorgeschlagene‹ gesamte Verlust des Augenlichts für die Betroffene bedeutet, spielt keine Rolle. Philaenis hat insofern reinen Objektcharakter; sie dient als Gegenstand der Belustigung; Empathie ist nicht zu erkennen. Im Gegenteil. Das Adverb *indecenter*, »unschicklich« und deshalb »hässlich«, bestimmt *lusca*, »einäugig«, näher: Philaenis ist demnach »auf unschickliche, ja unanständige Weise einäugig«. Das Unanständige liegt in ihrer ästhetischen Wirkung auf andere; für deren Augen stellt sie sozusagen eine Beleidigung dar. Dann schon lieber die ›Perfektion‹ der vollständigen Blindheit, wünscht sich der Betrachter. Damit kommt eine zweite Bedeutung von *caecus* ins Spiel: Das Adjektiv bedeutet auch »unsichtbar«, »im Dunkeln liegend«. Eine blinde Philaenis wäre damit für Ästheten – zumindest in amouröser Hinsicht – überhaupt nicht mehr wahrnehmbar; sie verlöre damit sogar noch ihren Objektcharakter.

Die Einbeziehung der amourösen Dimension in die Interpretation ist nicht willkürlich. Wenn Männer sich über die Schönheit einer Frau unterhalten, liegt dieser Kontext alles andere als fern. Hinzu kommt der Name der Philaenis.

So hieß eine bekannte, viel gelesene griechische Schriftstellerin aus dem 3. Jh. v. Chr., die über erotische Themen, insbesondere über Stellungen beim Sex schrieb. Angesichts dieser für gebildete Leser Martials noch einmal einen Tick zynischeren Konnotation macht man lieber die Augen zu.

Einen ähnlichen Mangel an Empathie, ja sogar ein gewisses Maß an Schadenfreude lässt Martial bei anderen Unglücksfällen erkennen, die Menschen geradezu abstürzen lassen. Ein bedrückendes Beispiel dafür ist das Spottepigramm auf Vacerra, der seine Mietwohnung am 1. Juli verlassen muss. Das war der Termin, an dem viele Mietverträge ausliefen. Wer in Zahlungsverzug geraten war, musste damit rechnen, vom *insularius*, dem »Hausverwalter«, hinausgeworfen zu werden. Insolvente Mieter zitterten diesem Tag entgegen. Vacerra und seine Familie hat es schon ›erwischt‹. Und das dichterische Ich Martials ist Augenzeuge eines jämmerlichen Auszugs. Aus dem zweimaligen *vidi*, »ich habe es selbst gesehen«, in Vers 2 spricht nicht gerade Mitgefühl, sondern es wirkt beinahe wie ein triumphaler Ausruf angesichts der zuvor festgestellten ›Schande‹, die über Vacerra gekommen ist.

O Iuliarum dedecus Kalendarum:
vidi, Vacerra, sarcinas tuas, vidi;
quas non retentas pensione pro bima
portabat uxor rufa crinibus septem
et cum sorore cana mater ingenti.
Furias putavi nocte Ditis emersas.
Has tu priores frigore et fame siccus
et non recenti pallidus magis buxo
Irus tuorum temporum sequebaris.

Migrare clivom crederes Aricinum.
Ibat tripes grabatus et bipes mensa
et cum lucerna corneoque cratere
matella curto rupta latere meiebat;
foco virenti suberat amphorae cervix;
fuisse gerres aut inutiles maenas
odor inpudicus urcei fatebatur,
qualis marinae vix sit aura piscinae.
Nec quadra derat casei Tolosatis,
quadrima nigri nec corona pulei
calvaeque restes alioque cepisque,
nec plena turpi matris olla resina,
Summemmianae qua pilantur uxores.
Quid quaeris aedes vilicosque derides,
habitare gratis, o Vacerra, cum possis?
Haec sarcinarum pompa convenit ponti. (XII 32)

Welche Schande am 1. Juli!
Ich habe sie gesehen, Vacerra, deine Habseligkeiten.
Ich habe sie selbst gesehen.
Sie trugen, soweit sie nicht für zwei Jahresmieten
gepfändet waren,
deine Frau mit ihren sieben roten Haarlocken
und deine schon ergraute Mutter mit deiner riesigen
Schwester.
Ich dachte schon, die Furien seien aus der Nacht
der Unterwelt aufgetaucht.
Du, von Kälte und Hunger ausgemergelt, folgtest
den Frauen,
bleicher noch als nicht mehr frischer Buchsbaum,
ein Irus deiner Zeit.

Man hätte glauben können, der Hügel von Aricia
zöge um.
Vorbei zogen ein Bett mit nur noch drei und ein Tisch
mit nur noch zwei Beinen,
und mitsamt einer Lampe und einem Krug aus
Kornelkirschholz
kam ein Nachttopf, der aus einem Riss an der
Seite pinkelte.
Dann folgte unter einem Grünspanherd der Hals
einer Amphore.
Dass Fisch darin war oder vergammelte Sardellen,
verriet der unanständige Gestank, der aus dem
Krug kam,
wie ihn kaum die Ausdünstungen eines Seefischteiches
haben.
Es fehlte auch nicht eine Ecke Toloserkäse,
auch nicht ein vier Jahre alter Kranz von schwarzem
Flöhkraut
und Schnüre, an denen weder Knoblauch noch
Zwiebeln hingen,
und auch nicht der Topf der Mutter voll mit fiesem
Harz,
mit dem sich die Frauen aus dem Bordell des
Summemmius die Haare ausreißen.
Was suchst du nach einer Wohnung und hältst
Hausverwalter zum Narren,
obwohl du doch, Vacerra, ganz umsonst wohnen
kannst?
Dieser Festzug von Habseligkeiten passt bestens
zur Brücke.

Der Auszug Vacerras, seiner Frau, Mutter und Schwester wird als eine Art *pompa* (Vers 25) geschildert – ein »Festzug«, der indes alles andere als ein Festzug ist, in seiner Armseligkeit aber für Zaungäste wie das dichterische Ich offenbar doch sehenswert (zweimaliges *vidi*, Vers 2). Viel Besitz ist Vacerra nicht geblieben. Weil er die Miete schuldig geblieben ist, wird alles, was einen gewissen Wert darstellt, verpfändet und bleibt in der Wohnung zurück. Den schäbigen Rest tragen die drei Frauen, die als Schrecken erregende Unterweltsgestalten verspottet werden. Ihr ganzes Elend zeigt sich auch darin, dass sie selbst anpacken müssen. Einen Sklaven, der ihnen zur Hand ginge, gibt es nicht.

Ihnen folgt Vacerra selbst, eine Wiedergeburt des homerischen Bettlers Irus. Eine blasse Gestalt, der man die Strapazen der letzten Zeit ansieht. Die »Kälte« bezieht sich natürlich auf die schon einige Zeit zurückliegenden Wintermonate. Das Ganze wirkt wie ein Umzug in Aricia. Das war die Kolonie der Bettler an der Via Appia, dort, wo sie eine Steigung hat und die Obdachlosen die Chance hatten, beim Betteln mit den langsam fahrenden Wagen der Wohlhabenden eine Zeitlang Schritt zu halten.

Fast wie belebte Wesen ziehen dann die Habseligkeiten vorbei, die Vacerra und den Frauen geblieben sind, darunter praktisch unbrauchbare Möbel wie ein zweibeiniger Tisch und ein dreibeiniges Bett sowie ein Nachttopf, aus dem der Urin heraustropft. Die mitgeführten Lebensmittel sind alt, vergammelt und stinken in der Landschaft herum – eine abstoßende ›Prozession‹ der Armut, die nur Widerwillen erregt und keinerlei Mitleid auslöst.

Wohin mit diesem Trödel, den man kaum als Hausrat bezeichnen kann? Wohin mit den jämmerlich menschlichen Gestalten, die ihn begleiten? Vacerra ist auf Wohnungssuche, aber aufgrund seiner deplorablen finanziellen Situation wird er kaum auf jemanden stoßen, der ihm Unterschlupf gewährt – es sei denn, er könnte einem Hausverwalter vorgaukeln, liquide zu sein und ihn so, umgangssprachlich ausgedrückt, nach Strich und Faden verarschen: *Deridere* ist ein kräftiges »Verlachen«, »zum Besten Halten«. Angesichts der armseligen *pompa*, die ihn begleitet, wird er jedoch schwerlich einen Dummen finden, der ihm eine Mietwohnung zur Verfügung stellt, für die ihm die Miete fehlt.

Aber da keimt doch noch ein bisschen Hoffnung auf, wo Vacerra und Anhang eine neue Bleibe finden können – und das ganz umsonst. Für diese sarkastisch als *pompa* charakterisierte Revue wertloser Habseligkeiten und fast ebenso ›wertloser‹ Personen – man denke an die der Unterwelt entspringenden »Furien«, Vers 6 – passt am besten der *pons* als Ziel, eine Tiberbrücke, unter der Obdachlose Schutz zu suchen pflegten. Vacerras sozialer Abstieg ist besiegelt: *Ponti* als letztes Wort des Epigramms weist den Weg und nennt das Ziel.

Auf diesem Weg begleitet das dichterische Ich den entwurzelten Vacerra mit voyeuristischer Verachtung und Häme. Armut und Hoffnungslosigkeit werden regelrecht vorgeführt, mitleidlos, von oben herab und spöttisch. Für die kleinen Leute in Rom keine neue Erfahrung – Juvenals Umbricius bringt sie ohne Illusionen auf den Punkt: *Nil habet infelix paupertas in se, quam quod ridiculos homines facit.* »Nichts hat unglückliche Armut in sich, als dass sie die Menschen zu Spottobjekten macht.« (Juvenal III 152 f.)

ANHANG

LITERATURHINWEISE

Ausgaben und Kommentare

Barié, P. / Schindler, W.: M. Valerius Martialis. Epigramme. Lat./Dt. Berlin [3]2013.
Holzberg, N.: Martial, Epigramme. Lat./Dt. Stuttgart 2008.

M. Valerius Martialis. Epigramme. Auswahl von U. Walter. Paderborn 1996.
Friedländer, L.: M. Valerii Martialis epigrammaton libri. 2 Bde. Leipzig 1886. (Neudr. 1961/67.)
Watson, L. und P.: Martial. Select Epigrams. Cambridge 2003.

Buch 1: M. Citroni, Florenz 1975; P. Howell, London 1980.
Buch 2: C. A. Williams, Oxford 2004.
Buch 3: A. Fusi, Hildesheim 2006.
Buch 4: R. Moreno Soldevila, Leiden 2006.
Buch 5: P. Howell, Warminster 1995; A. Canobbio, Como 2002 und Neapel 2011.
Buch 6: F. Grewing, Göttingen 1997.
Buch 7: G. Galán Vioque, Leiden 2002.
Buch 8: C. Schöffel, Stuttgart 2002.
Buch 9: C. Henriksén, 2 Bde., Uppsala 1998/99.
Buch 10: G. Damschen / A. Heil, Frankfurt a. M. 2004; C. Buongiovanni, Pisa 2012.
Buch 11: N. M. Kay, London 1985.
Buch 12: C. Craca, Bari 2011 und Canterano 2018.

Zu Martial

Augenti, D.: Gente dell'antica Roma. Personaggi dagli *epigrammi* di M. Valerio Marziale. Rom 2017.
Barié, P. / Schindler, W.: »Der Witz ist das Epigramm auf den Tod

des Gefühls«. Anziehungen und Abstoßungen bei Martial. In: Der Altsprachliche Unterricht 38/6 (1995) S. 53 ff.
Beard, M.: Das Lachen im alten Rom. Eine Kulturgeschichte. Darmstadt 2016.
Becker, M.: »Ich will nicht die Frau meiner Frau sein«. Zur Funktion von Ich-Aussagen bei Martial. In: Philologus 152 (2008) S. 282 ff.
Buongiovanni, C.: Dal *parcere subiectis* al *parcere personis*. In: Maia 67 (2015) S. 76 ff.
Burnikel, W.: Untersuchungen zur Struktur des Witzepigramms bei Lukillios und Martial. Stuttgart 1980.
Classen, C. J.: Martial. In: Gymnasium 92 (1985) S. 329 ff.
Dyson, S. L. / Prior, R. E.: Horace, Martial, and Rome. Two Poetic Outsiders Read the Ancient City. In: Arethusa 28 (1995) S. 245 ff.
Edwards, C.: Writing Rome. Textual Approaches to the City. Cambridge 1996.
Fitzgerald, W.: Martial. The World of the Epigram. Chicago (Il.) / London 2007.
Grewing, F. (Hrsg.). *Toto notus in orbe*. Perspektiven der Martial-Interpretation. Stuttgart 1998.
Holzberg, N.: Martial und das antike Epigramm. Darmstadt ²2012.
Janka, M.: Neue Wege und Perspektiven der Martialforschung. In: Gymnasium 121 (2014) S. 1 ff.
Kardos, M.-J.: L' *urbs* dans les *Épigrammes* de Martial: poésie et réalité. In: Revue des Études Latines 79 (2001) S. 201 ff.
Kißel, W.: Personen und *persona* in den *Epigrammen* Martials. Stuttgart 2022.
Lorenz, S.: Erotik und Panegyrik. Martials epigrammatische Kaiser. Tübingen 2002.
Neger, M.: Martials Dichtergedichte. Das Epigramm als Medium der poetischen Selbstreflexion. Tübingen 2012.
Pailler, J.-M.: Martial et l'espace urbain. In: Pallas 28 (1981) S. 79 ff.
Rimell, V.: Martial's Rome. Empire and the Ideology of Epigram. Cambridge 2008.
Roman, L.: Martial and the City of Rome. In: Journal of Roman Studies 100 (2010) S. 88 ff.

Saller, R.: Martial on Patronage and Literature. In: Classical Quarterly 33 (1983) S. 246 ff.
Schmitz, Chr.: Martial – ein Schulautor für alle Fälle. In: Der Altsprachliche Unterricht 54/6 (2011) S. 42 ff.
Soldevila, R. M. [u. a.]: A Prosopography to Martials's *Epigrams.* Berlin 2019.
Spisak, A. L.: Martial. A Social Guide. London 2007.
Stephan-Kühn, F.: Aspekte der Martial-Interpretation. In: Der Altsprachliche Unterricht 26/4 (1983) S. 22 ff.
Sullivan, J. P.: Martial's Sexual Attitudes. In: Philologus 123 (1979) S. 288 ff.
– Martial. The Unexpected Classic. Cambridge 1991.
Szelest, H.: Humor bei Martial. In: Eos 69 (1981) S. 293 ff.
– Martial – eigentlicher Schöpfer und hervorragendster Vertreter des römischen Epigramms. In: ANRW (Festschrift für J. Vogt) II 32,4. Berlin 1986. S. 2563 ff.
Tennant, P. M. W.: Poets and Poverty: The Case of Martial. In: Acta Classica 43 (2000) S. 139 ff.
Watson, P. A.: The Originality of Martial's Language. In: Glotta 78 (2002) S. 222 ff.
Weeber, K.-W.: Vorsicht, Arzt! Medizin(er)kritisches aus dem Alten Rom. Stuttgart 2020.

Zur römischen Kulturgeschichte

Aldrete, G. S.: Daily Life in the Roman City. Norman 2008.
Bergmann, B. / Kondoleon, C. (Hrsg.). The Art of Ancient Spectacle. Washington (D. C.) 1999.
Erdkamp, P. (Hrsg.). The Cambridge Companion to Ancient Rome. Cambridge 2013.
Friedländer, L.: Darstellungen aus der Sittengeschichte Roms. 4 Bde. Leipzig ^{9}1921/^{10}1923. (Neudr. Darmstadt 2016.)
Fündling, J.: Der Antike-Knigge. Stuttgart 2021.
Holleran, C. / Claridge, A. (Hrsg.). A Companion to the City of Rome. Malden (Mass.) 2018.

Knapp, R.: Römer im Schatten der Geschichte. Stuttgart 2012.
Kolb, F.: Rom. Die Geschichte der Stadt im Altertum. München ²2002.
Laes, Chr. [u. a.] (Hrsg.): Disabilities in Roman Antiquity. Leiden 2013.
Laurence, R.: Roman Passions. London 2009.
Neumeister, Chr.: Das antike Rom. Ein literarischer Stadtführer. München 1997.
Stein-Hölkeskamp, E.: Das römische Gastmahl. München 2005.
Weeber, K.-W.: *Spectaculum.* Die Erfindung der Show im antiken Rom. Freiburg 2019.
– Die Straßen von Rom. Lebensadern einer antiken Großstadt. Darmstadt 2021.
– Das Römer-Lexikon. Bamberg 2022.
– Arm in Rom. Wie die kleinen Leute in der größten Stadt des Altertums lebten. Darmstadt 2023.

VERZEICHNIS DER ENTHALTENEN EPIGRAMME

(Der lateinische Text wurde auf Grundlage der Ausgabe von W. M. Lindsay erstellt: M. Val. Martialis: Epigrammata. Oxford: Clarendon Press, ^{2}2007. Die Übersetzungen stammen vom Autor dieses Buches.)